中央高校基本科研业务费专项资金资助
（编号：222201321202）
Supported by "the Fundamental Research Funds for the Central Universities"

李培林 ◎ 主编

社会化养老服务模式研究

纪晓岚　曾莉　刘晓梅 等 ◎ 著

中国社会科学出版社

图书在版编目（CIP）数据

社会化养老服务模式研究／纪晓岚等著．—北京：中国社会科学出版社，2017.7

（上海研究院智库丛书）

ISBN 978-7-5203-0516-7

Ⅰ.①社… Ⅱ.①纪… Ⅲ.①养老—社会服务—研究—中国 Ⅳ.①D669.6

中国版本图书馆 CIP 数据核字（2017）第 135663 号

出 版 人	赵剑英
责任编辑	张　林
特约编辑	文一鸥
责任校对	韩海超
责任印制	戴　宽

出　　版	中国社会科学出版社
社　　址	北京鼓楼西大街甲 158 号
邮　　编	100720
网　　址	http://www.csspw.cn
发 行 部	010-84083685
门 市 部	010-84029450
经　　销	新华书店及其他书店
印　　刷	北京明恒达印务有限公司
装　　订	廊坊市广阳区广增装订厂
版　　次	2017 年 7 月第 1 版
印　　次	2017 年 7 月第 1 次印刷
开　　本	710×1000　1/16
印　　张	9
插　　页	2
字　　数	148 千字
定　　价	46.00 元

凡购买中国社会科学出版社图书，如有质量问题请与本社营销中心联系调换

电话：010-84083683

版权所有　侵权必究

目　录

第一章　导论 ·· （1）

第二章　社会化养老服务在潍坊：模式建构 ····································· （8）
　　一　潍坊街道社会化养老服务的背景 ·· （8）
　　二　潍坊街道社会化养老服务的发展历程 ······································ （9）
　　三　潍坊街道社会化养老服务的目标 ·· （12）
　　四　潍坊街道社会化养老服务的模式建构 ···································· （15）
　　五　潍坊街道养老服务的社会化实践 ·· （22）

第三章　社会化养老服务的运行逻辑：多元参与 ······························ （27）
　　一　敢为人先的街道办事处：养老服务的统筹者 ··························· （29）
　　二　极具活力的社会组织：养老服务的运作主体 ··························· （36）
　　三　富有责任感的爱心企业：养老服务的坚实后盾 ························ （48）
　　四　热情参与的社区居民：以老助老的行动者 ······························ （55）
　　五　小结 ·· （64）

第四章　社会化养老服务的行动策略 ·· （68）
　　一　立足需求的养老服务 ··· （68）
　　二　专业化的养老服务队伍 ·· （75）
　　三　智能化的养老服务系统 ·· （79）
　　四　积极的财政投入 ··· （81）
　　五　完善的监督评价体系 ··· （87）
　　六　小结 ·· （89）

第五章　社会化养老服务评价 （90）
　　一　机构养老服务的满意度分析 （91）
　　二　社区居家养老服务的满意度分析 （98）
　　三　调查结论 （105）
　　四　对策与建议 （107）

第六章　"社会化养老服务"行进中的国家与社会 （109）
　　一　相关背景 （109）
　　二　理论视界中的国家与社会 （111）
　　三　国家与社会关系的微观考察：潍坊街道社会
　　　　化养老 （116）
　　四　潍坊街道社会化养老服务推进的可能方向：
　　　　突破传统格局 （132）
　　五　小结 （135）

参考文献 （136）

后记 （140）

第一章

导　论

"社会化养老"伴随工业社会的发展应运而生，并获得了社会各界的高度认同。其旨在发挥各方面（政府、家庭、社区、企业等）力量，以社会制度保证老年人的经济来源、生活照料、精神慰藉等基本生活权益。20世纪90年代末，我国掀起了一股养老服务社会化的讨论热潮。论者认为，有别于传统的家庭养老，社会化养老要求投资主体多元化、服务对象公众化、服务方式多样化、服务队伍专业化。其实质是将养老责任或风险从单一家庭分摊到全社会，以缓解社会福利的供需矛盾。可见，"养老"不再是家庭的私事，其已成为国家、社会乃至市场等各方共同关注的事业。同时，随着我国政府职能转变的纵深推进，公共服务的"多中心合作供给"已成必然趋势，政府积极引导各方力量，建立健全社会化养老服务体系也迫在眉睫。

上海是我国老龄化程度最高的城市①。"十三五"期间是上海市进入人口老龄化的加速发展期，老年人口总量急剧增加。截至2015年年底，上海60岁及以上老年人口已达435.95万人，占总人口的30.2%。上海作为我国第一个步入人口老龄化的城市，高龄化、少子化、空巢化、失能化等问题日益凸显，传统的养老服务模式面临严峻挑战。为了提升养老服务供给能力，21世纪初上海市先后出台了有关社会化养老的一系列政策，推出了社会化养老服务体系建设的意见。这为上海市养老服务社会化的真正落实提供了动力，也为进一步厘清国家和社会在养老服务供给中的

---

① 来自上海政府网：http://www.shanghai.gov.cn/nw2/nw2314/nw2315/nw4411/u21aw1118419.html。

应有角色和职能，奠定了良好的制度基础。实践表明，上海养老服务模式在经历了传统的家庭养老之后，更多是政府主导的养老服务合作模式在发挥作用，而且它也势必成为上海乃至全国养老服务发展的未来趋势。

潍坊街道地处上海浦东金融贸易区的中心地带，其老龄化问题尤为严峻。面对日渐突出的人口老龄化、高龄化、空巢化以及家庭结构的核心化等问题，潍坊街道并未退缩，反而走出了一条属于自己的社会化养老服务道路，并可能成为浦东乃至上海的典范。为此，本研究针对如下问题展开相关研究，即潍坊街道养老服务社会化的产生背景是什么，其存在怎样的运行模式？潍坊街道社会化养老模式的生存逻辑和行动策略是什么？社会化养老在潍坊街道的实际成效如何？政府、社会组织、企业等各自发挥了怎样的角色和功能，尤其是政府与社会组织之间的关系应如何协调？潍坊街道可持续的社会化养老如何实现？实际上，贯穿这些问题主线的是"国家—社会—市场"三者关系的协调。结合我国政府治理转型的基本要求，本研究将立足"多中心合作共治"和"福利多元主义"的理论视野，探讨潍坊街道社会化养老服务实践中各参与主体的角色和行动逻辑。即养老服务供给并非依靠政府（国家）传统的"指挥秩序"完成，福利不是由政府包揽，而是在政府主导下实现各种力量的有序融合，政府、社会组织、社区、志愿组织、企业乃至家庭等都是社会福利的提供者。其中，各种社会力量的主动性和自发性是良序合作的基础，而政府"如何主导"将成为问题解码的关键。总之，通过实践层面的经验解读和分析，本研究将有助于弘扬中华民族尊老敬老的优良传统，尊重老年人情感和心理需求的人性化选择，切实提高老年人的生活水平和生命质量，加快养老服务业发展，扩大就业渠道和促进经济增长。本研究基于经验素材的理论回应，将有助于推进潍坊街道乃至上海社会化养老服务体系的完善，实现养老服务乃至社会福利的有效供给，为社会化养老的良性发展提供理论支持。

为了深入剖析问题，我们主要采用了定性研究，并辅之以定量方法。定量方法主要用于养老服务满意度评价。资料收集方法包括深度访谈、参与式观察、问卷调查、文件资料等形式，其中结构式访谈、参与观察和问卷等使用较多。资料分析方法有连续接近法、举例说明法、描述性统计、交互分类等。围绕研究问题，课题组成员历时五个多月①，共计50余人次赴潍坊街道，开展了13轮实地访谈，并形成约17.5万字的访谈笔录。还针对机构养老、社区居家养老的服务对象开展了问卷调查，其中，针对机构调查共发出问卷59份，收回59份，有效问卷55份。针对社区居家养老服务调查共发出问卷209份，收回问卷209份，有效问卷204份。最后，经过三个多月的资料整理和资料分析，本研究从潍坊街道社会化养老服务的模式构建、运行逻辑（支撑力量）、行动策略、评价与影响、政社合作等方面，进行基本经验的分析和解读。在此基础上，结合国家治理和社会转型的要求，对其中蕴含的"国家与社会关系"等理论问题进行透析。各章研究内容的概况如下：

关于潍坊街道社会化养老服务的运作模式，我们将其概括为"政府主导、社会参与、企业协同"模式，这是本研究探讨相关问题的核心。对此，本研究从潍坊街道养老服务模式转变的背景与基本情况、发展历史、战略目标、模式构建等角度，对运作模式进行了阐释。首先，政府主导。潍坊街道养老服务实践是在政府引导甚或主导下进行的，这与我国整体上的大背景相符。与传统养老服务中的政府角色有别，潍坊街道办事处始终立足"责任政府"的使命，敢于担当，积极创新，服务于民。街道办事处各部门各司其职、各尽其能，在养老服务实践的制度建设、资金保障、资源整合、质量监管等方面发挥了积极作用，尤其是前两者。其次，社会参与。潍坊街道社会化养老服务中的社会参与主体，主要包括民办非企业单位、基金会、商会、社区、志愿者等社会组织和个人，其极富公共情怀和志愿精神，积极投身于养老服务实践。有别于政府组织层级制的运行原则，社会组织带着强烈的社会使命感，具有灵活、高效、贴近基层、富于创新等优势，在整合社会资源、拓展资金来源、构筑社会资本等方面发挥了重要作用。最后，企业协同。企业协同可谓是潍坊街道社会化养老服务模式的一大亮点。其中，新沪商联合会（社会组织）是其参与养老服务供给的桥梁，而"老年互助关爱行动"项目则是其主要运作平台。企业的积极协同在资金短缺、服务专业化、满足多元化需求等方面发挥了

---

① 指2014年3月、4月、5月、6月、7月开展的深度访谈，以及2014年11月的问卷调查和2015年的后期追踪调查。

较大的作用，而且通过注入资金，引导志愿参与，建立"以老助老"的互助机制，实现了企业社会责任与政社合作治理的共赢。

关于潍坊街道社会化养老服务的运行逻辑，我们将其概括为多元主体参与合作的逻辑，因为社会化养老得以践行的基本支撑是参与主体的多元化。实践中，潍坊街道以构建全覆盖、多层次、可衔接的社区养老服务体系为目标，在政府的主导下，吸引和鼓励企业、社会组织、志愿者、社区等多方力量积极参与，为更多老人提供舒适祥和的生活环境。本研究立足于实地调查的一手资料，结合典型案例，运用"福利多元主义"和"多中心合作共治"理论，分析了潍坊街道社会化养老实践中政府、社会组织、企业、志愿者等多元主体各自发挥的功能和作用，以及各主体之间互动合作的方式和过程，进而提出了多元参与面临的问题和困境。就多元主体参与的角色和作用而言，首先，政府是社会化养老服务实践的统筹者和引导者。街道办事处敢为人先，勇于创新，积极制定相关发展规划，完善社会化养老服务体系，培育为老服务专业团队等，发挥着统筹和掌舵作用。其次，极具活力的社会组织是社会化养老服务的运作主体。在潍坊街道养老服务实践中，活跃着各种形式的社会组织，如政府主办的社会组织（即枢纽型社会组织）、政府培育的社会组织、草根型社会组织等不同类型。这些社会组织具有不同的自主性和独立性，形成了风格各异的政社合作模式，集结成了一股强大的合力，推动着潍坊街道社会化养老服务的发展。再次，富有责任感的爱心企业是资源的坚实后盾。新沪商联合会集结了一批富有责任感的爱心企业，建立了参与合作的组织网络，为项目提供运作资金，保证了养老服务志愿行动的持续推进。同时，这种模式为企业承担社会责任搭建了重要平台，鼓励和吸引了更多企业参与进来。最后，积极热情的社区居民是志愿精神的实践者。在潍坊街道的养老服务实践中，活跃着一批"以老助老"的行动者，即低龄老年人的社区志愿者。他们通过有组织的服务活动，为高龄老年人提供"精神慰藉、急难相助"，默默践行着邻里互助、无私奉献的志愿精神。这些志愿者不仅化解了高龄老年人的心理问题，也实现了自我价值的最大化，激发了社区居民参与志愿的热情，增强了社区凝聚力和归属感。

关于潍坊街道社会化养老服务的行动策略，面对人口老龄化的日益加剧，养老服务需求急剧增加，潍坊街道从服务内容、服务队伍、服务方式、财政投入、监督评估等方面，采取积极的行动策略，落实养老服务的社会化。其一，立足需求导向，深入开展调查，了解老年人的实际需求，并在此基础上开发设计切合实际的为老服务项目，引入多元主体参与合作，为老人提供生活照料、精神慰藉、文体娱乐、法律维权和其他个性化服务。其二，建设专业化的养老服务队伍。专业化的养老服务队伍是潍坊街道社会化养老服务的基本保障。一方面，政府自身组建了一支专业的为老服务工作队伍，统筹和引领着社区的养老事业。另一方面，潍坊街道拥有一批较为专业的为老服务社会组织和志愿者队伍。这些社会组织都有着明确的服务目标、规范的培训制度和服务流程等。其三，打造智能化的养老服务系统。为了提高服务质量，让社会发展成果惠及更多老人，潍坊街道通过政府主导、社会参与、企业协同，合力构建了"爱照护智能化管理系统"。目前，已建成覆盖所有老年人的信息采集数据库，并与浦东新区科技助老平台对接，实现了政府间的信息共享、资源互补。其四，探索社区长者持续照料服务。为了减轻家庭和养老者的负担，潍坊街道着力探索新型养老服务方式，建立了长者照护之家的养老微机构。微机构将提供床位、日托服务、上门服务和家属培训服务等，并利用科技助老的优势，将服务信息数据化。这打破了传统养老院的藩篱，将专业的服务延伸到了老人熟悉的居家环境，提高了失能失智老人的生活质量。其五，建立有效的财政投入机制。潍坊街道坚持政策先行，注重吸纳多渠道资金，强调财政预算的平衡、可持续、严格、公开、有效等原则。在养老服务实践中，财政投入逐年加大，保证了养老设施的到位、服务种类和数量的增加以及服务质量的提升。其六，逐步完善监督评价体系。为满足老年人更多的服务需求，潍坊街道针对机构养老、居家养老、社区照料、新沪商项目等，制定了一套完善的监督评价体系。一是由政府主导、社会参与，建构了养老服务的评价指标体系，如环境设施建设、生活照料、医疗护理、心理慰藉、休闲娱乐等；二是由政府、社会和养老机构组成多元评价主体，共同评价养老机构的服务质量。

关于潍坊街道社会化养老的服务质量和成效，本研究从服务满意度评价、社会影响、政社合作经验等角度进行了分析。首先，养老服务的满意度评价。服务满意度评价是检验老人需求满足程度的重要手段。本次调查对象为接受服务的老人，课题组采用了两套不同的问卷，针对两类服务开展问卷调查,即机构养老服务和社区居家养老服务,数据分析以描述性分析和差异性分析为主。分析结果表明,两类养老服务的满意度差距较大,机构养老服务的满意度明显高于社区居家养老服务,这说明老人们更倾向于依赖政府主导和投入的服务供给模式,社区居家养老服务尚需加快完善步伐。其次,养老服务的社会影响。与针对服务对象的满意度评价不同,社会影响主要关注外界的反响,如上级领导、媒体、其他街区等。这些评价大多是以领导走访、媒体报道、荣誉获奖、示范基地等形式呈现的。最后,政社合作的经验。参与潍坊街道养老服务的社会组织有不同类别,故而政社合作的模式也会有差别,这些合作模式得到了上海市委、市政府的肯定和赞赏。市领导多次到潍坊街道参观、调研,国内诸多媒体也多次竞相报道,其成功经验在浦东、上海乃至全国形成了较大影响。

关于潍坊街道社会化养老服务中的国家与社会关系,本研究认为社会化养老的有效推进,需正确处理国家与社会之间的关系(即政社关系)。实际上,分析国家与社会的关系,需借助政府与社会组织的关系来进行,因为其他参与者(无论是企业还是义工)实质上都是通过社会组织平台发挥作用的。在养老服务模式变迁的背后,国家与社会之间究竟存在怎样的关系,其内在的形成机制是什么?围绕此问题,本研究从宏观层面梳理了国家与社会关系演变的理论模式,并在理论回顾的基础上,结合潍坊街道养老服务的实践,从国家与社会的关系模式、核心运作机制和服务供给方式等角度,对其中所蕴含的国家与社会关系模式进行了概括和总结。分析结果发现,潍坊街道社会化养老服务中的国家与社会关系,因多元化的社会组织存在而模式各异,但这些关系模式的背后却呈现出了一种总体性的主导模式,即"支配—互动"模式。该模式体现了政社合作的双向性,一方面是自上而下的政府对社会组织的影响和控制,另一方面却是自下而上的社会组织积极寻求与政府合作与互动。该模式的核心运作机制是"支持和协商","支持"主要体现为政府对社会组织的政策扶持、财物资助和技能培训等,"协商"主要体现在政社互动的诸多环节,它对体制性权威具有一定的抗衡作用,是支持机制不可或缺的协同力量。在服务供给方式上,潍坊街道总体上的服务供给方式仍然是政社合作供给,但社会组织的行为体现了"依附式自主"的特点,其国家与社会的关系也相应呈现出了依附式发展。这或许将成为浦东、上海市乃至全国的未来趋势。

值得一提的是，本研究是基于第一手访谈和问卷资料而形成的，并立足潍坊街道养老服务的实践，通过对诸多案例的详尽描述和图景式剖析，力图在众多事实性资料中沉淀出潍坊街道社会化养老服务的理论模式，为社会化养老的良性发展提供理论支持，也为养老服务语境中的国家与社会关系探讨做出努力。以期最终在养老服务供给领域形成一种积极的示范，进而开创基层政府与社会力量协同治理的新局面，推进国家治理能力的现代化转型。

第二章

社会化养老服务在潍坊：模式建构

我国传统养老模式以家庭养老为主，由家庭在经济上供养老人，生活上照料老人，精神上慰藉老人。近30年来，家庭规模的小型化是我国城乡家庭结构变化最重要的特征之一，以核心家庭为主的家庭模式日益增多。据统计，我国平均家庭户规模1982年为4.36人，1990年为3.96人，2000年进一步下降为3.44人，2010年我国平均家庭户规模已下降至3.10人[①]。从1982年至2010年的28年间，我国平均家庭户规模的下降率为28.9%，户均减少了1.26人。目前，我国户均人口规模已接近美国、加拿大等西方国家户均3人左右的水平。随着家庭规模日渐缩小、以核心家庭为代表的小家庭日益涌现，家庭养老功能不断弱化，替代性的社会化养老服务支持系统成为维持和提高老年人口生活质量的必要途径。

一 潍坊街道社会化养老服务的背景

潍坊街道党工委、街道办事处认真贯彻落实科学发展观，坚持以人为本，立足于家庭规模日趋小型化、家庭养老资源日益减少等现实问题，合理布局，挖掘各种有效资源，积极推进老年服务设施建设。为了探索养老服务社会化机制，潍坊街道采取各种有效措施，吸引和鼓励社会力量参与社区养老服务。这样，既节约了养老服务成本，又提高了养老服务专业水平。在为老服务实践中，潍坊街道借助"项目制"形式，与专业的社工组织、公益性组织合作，设立了公益性为老服务专项资金，以政府购买服

---

① 数据来源：第四次、第五次、第六次全国人口普查公报，http://www.stats.gov.cn/。

务的方式推进项目化服务,培育社会组织参与涉老服务。在参与为老服务的过程中,社会组织也不断发展壮大,涌现出一批具有发展潜力的优秀社会组织。除了专业为老服务队伍外,潍坊街道还建立了"五星助老网络",通过发动楼组党员、学校学生及志愿者与独居老人结对,实现"关爱一帮一、信息全覆盖",同时拓展助医、助浴、助餐、助洁、扦脚等关爱项目,使独居老人得到精神慰藉和照应;还积极发动街道内的企事业单位参与为老服务,充分调动全社区资源,多方位地构筑了社区助老网络。

潍坊街道作为浦东新区人口老龄化程度较高的一个社区,截至2015年9月底,户籍人口共91437人,其中60岁及以上老年人27000多人,占户籍人口的30.5%。其中,80岁以上老年人5503人,纯老家庭老人有5595人,独居老人1566人。随着老龄化程度不断加深,高龄、空巢和失智失能老年人口显著增加,潍坊街道在养老服务工作中始终坚持"以人为本,老有所养"的基本宗旨,将大力发展养老服务事业作为社区建设工作的重中之重。目前,潍坊街道基本形成了"政府托底、民非运作、社会参与"的养老服务框架,构筑了由多方资源汇集的社区养老服务网络,建立了由多方力量支持的社区助老服务队伍,探索出了由多种方式融合的为养服务模式,养老服务能力得到了有效的提升。

二 潍坊街道社会化养老服务的发展历程

(一) 养老服务的基础设施建设

潍坊街道成立于1986年7月,相对于上海许多著名街道而言,其发展历史不长,但是它在社会化养老服务方面成效显著。20世纪末,潍坊街道先后投资建成了有组织和一定规模的社区服务中心、敬老院,紧紧依靠社会力量,实施四大为老服务工程:为老医疗服务工程、为老服务网络工程、为老服务设施工程和帮困工程,切实有效地维护老年人的合法权益,以实现老年福利设施体系建设的初步目标。并通过银发福利工程,依据老年人的生存需求、心理需求和事业追求,推进街道敬老院由救济供养型向康复福利型转变。潍坊街道积极开展老年教育活动,发展老年经济,支持部分有一技之长的老年人发挥余热,为了适应和满足社区老年人精神文化生活需要,街道于1995年建立了老年学校,开展老有所学,发展老年人教育事业，有效健全和完善老年学校管理机制，逐步将其纳入制度化、规范化的轨道。潍坊街道进行社区敬老院社会化管理招标，使有能力的企业获得街道敬老院一定期限的管理权和经营权，2003年4月，街道新改建的敬老院正式落成，进一步完善了敬老院服务设施体系。2004年7月，成立街道老年协会这一群众性社团组织，并组织多样化的社团活动，不断探索老年人社会化管理道路。

（二）社会化养老的理念与制度建构

2006年8月18日，潍坊社区管理委员会（街道办事处）正式挂牌，这标志着潍坊街道建设进入了一个新的发展时期，其重心是加大社区管理和社区服务。深入开展养老服务试点工作，积极推行"政府主导、中介组织、实体服务"的运作模式，深化居家养老服务，将社区居家养老服务社的运作机制和服务理念进一步推向社会化，大力推进老年协会市场化运作，加大项目化服务力度，重组老年人管理服务机构，充实管理服务力量，形成较为完善的服务机制和服务体系。

随着潍坊街道综合实力的提升，2007年为贯彻落实党的十七大会议精神，从建立健全老年保障体系入手，拟定《潍坊社区老年事业工作三年规划》，并有计划地分步实现。于2007年建成1个潍坊社区老年日托中心，在7个小区设立3家老年日托服务站，探索建立老人入托评估机制，使有限的资源得到合理的使用，并成立社区为老服务工作站，以社工专业化的工作方法为涉老民间组织提供服务。潍坊街道在高起点上谋求新的发展，使社区"养老设施全覆盖、养老方式有选择、养老服务多元化"，并结合潍坊街道的实际，在推进社区老龄工作方面取得了新的突破和创新。首先，在管理模式上，改革机构养老管理模式，实施院长聘任负责制，不断强化"政府购买服务"理念；其次，在服务机制上，探索社区居家养老服务中心（民非机构）和助老服务社两者相互独立、分工合作的服务机制；最后，在社会参与上，运用老年协会、慈爱服务社等民间组织承办为老服务项目，探索多元化运作模式，形成良好的运作机制，在为老服务中实现双赢。

(三) 社会化养老服务格局的形成与建设

潍坊街道建立健全为老服务需求评估机制，不断推进养老福利资源公平而有效的分配，在充分发挥家庭养老传统优势的基础上，形成以居家养老为主，机构养老为辅的社会化养老格局。2008 年开始启动综合性养老设施项目建设，集敬老院外设服务区和日托照料中心为一体，日托服务点增设至 6 个，并大力推进社区老年就餐服务，通过购买服务的形式在餐馆内设立老年就餐服务中心。潍坊街道不断加大为老服务力度，探索为老服务发展新举措，建立老人需求信息库，整合社区敬老院、社区居家养老和关爱对象的硬件资源和软件资源，确立"滚轴效应"，建立循环机制，使敬老院床位发挥最大效能。

2009 年落实了潍坊街道老年公寓设施建设，形成机构养老硬件条件高中低档和综合性的养老层次格局，再次增设三个老年日托服务站，开展全方位预测，明确日托中心与活动室、政府管理与社团专业化运作、项目投入与产出效能等三个关系，使养老服务在原来的基础上内涵深化、职能清晰。为探索日托服务管理模式新的思路定位，确立三个结合：日托服务与社区服务相结合，入托照料与开发老有所为相结合，管理效能与开发就业岗位相结合，这为社会组织在社区公益性服务项目承担社会职能方面提供了更好的平台。并结合日托服务中心的地理位置优势，开展多角度实践，解决三个难点：日托服务的专业化管理如何实现、基层自治建设的外延如何拓展、政府购买服务的平台如何搭建，进一步探索社会化养老服务新模式。此外，潍坊街道还为社区独居老人免费安装安康通或阳光呼叫器，服务费政府全埋单，老年就餐服务点实现"点上就餐、家庭送餐、餐馆供餐"多元方式，扶持培育老年协会走"四自"之路，开展多种形式的为老服务项目，不断打造潍坊街道特色养老服务体系。

(四) 社会化养老服务的完善与发展

潍坊街道社会化养老服务不断强化政府责任，增加老龄事业社会参与，运用市场机制，强化法制监督机制，推动老龄事业的健康发展。为创新养老服务新模式，积极构建一个全覆盖、多选择、可衔接的社区养老服务体系，将各项任务分解，形成年度工作计划，分工协作，各司其职，积极落实政策、资金、规划、法制等保障，落实目标管理责任制，有重点、有节点地推进实施。2011年7月，潍坊街道与上海新沪商联合会、磐石资本和浦东社会发展基金会共同合作，开展"新沪商—潍坊老人互助关爱行动"项目，遵循"以老助老"服务理念，鼓励低龄老人服务高龄老人，搭建支持网络，弘扬社区孝亲敬老文化，引导社会力量参与，完善社会组织能力建设，打造创新模式，搭建企业承担社会责任的桥梁。旨在建立和发展起一支专门从事助老服务的社区义工队伍，组织低龄老人作为义工，为社区中的孤老、独居老人、有特殊困难的纯老户以及"一老养一残"家庭提供所急需的陪聊、陪购、陪诊等"心理慰藉、急难相助"的援助服务，拓展增进人际交流，主动融入社区，丰富精神文化生活。通过对建立社区助老长效机制的试水，打造社区助老坚持不懈、长久发展的可行模式，以其示范作用搭建了企业承担社会责任的桥梁，吸引更多的企事业单位和爱心人士共同加入这项慈善行动，在传承传统美德的同时，为缓解老龄社会矛盾、构建和谐社会注入新的生命力。

　　作为浦东新区乃至上海市老龄化程度较高的社区之一，潍坊街道坚持从老人实际需要出发，整合各类社会资源，不断探索创新，为老年人提供更加专业化、多元化、个性化的服务。2013年正式启动潍坊街道"爱照护"机构、日托、居家三位一体服务智能化管理系统实际应用工作，不断完善爱照护系统各子项目的建设并扩大运用；做好医养结合试点工作，推进养老服务信息资源整合和综合运用，完成3300名老人资源信息纳入系统，实现520名老人医养结合信息共享。此外，潍坊街道还于2013年作为上海市"老年宜居社区"建设首批40个试点社区之一，结合社区实际情况制定《潍坊新村街道建设上海市老年宜居社区实施方案》，并在接下来的几年中，不断加强社区老年人及其家庭多方位服务支持系统建设，进一步扩大居家养老的覆盖面，探索建立医疗资源引入社区养老机构新机制，培育社区为老服务社工队伍，加强住房安全保障，提高老年人的居住满意度。

三　潍坊街道社会化养老服务的目标

　　养老是一个复杂的概念系统，它以老年人需求为导向，既涉及责任主体及其关系问题，其中政府、社会、家庭的责任及其关系是最为核心的内容又涉及服务内容及其关系问题，即物质保障、服务提供及其相互关系。在养老模式的理论认识上，学者们存在较多的分歧，一方面，对养老模式的表述各有不同，如家庭养老、社会养老、居家养老、自我养老、机构养老等；另一方面，即使使用同一表述，许多研究根据自己的理解也提出了不尽相同的观点。

按照养老经济来源的承担方式，我们将养老方式分为家庭养老和社会养老两种基本形式。家庭养老指老年人的生活经济来源、生活照料和精神慰藉等需求完全由自己私人或家庭成员来承担的养老方式。社会养老的实质是由社会来提供养老资源，指老年人的经济来源和生活服务由社会提供。即老年人的生活经济来源来自老年人的养老金、医疗费、福利费、救助费等经济支持，生活服务是由政府、社区、企事业单位、社会组织等社会力量提供，而不是由家庭提供的养老方式。事实上，从古至今家庭养老和社会养老从来就是并存的关系，不可能完全割裂，只不过是在不同的历史阶段两者的比重各有不同，在现代家庭中，也往往是两种方式混合的模式。

具体而言，所谓社会化养老服务，是指由家庭以外的社会力量（包括政府、社会组织、企业等）以多种形式，为老年人提供日常照料、生活护理、医疗康复、休闲娱乐、精神慰藉等方面的扶持性服务。通过提供社会化养老服务，可以满足老年人多层次（如日常生活、精神、医疗、娱乐等）的需要，帮助他们更好地安度晚年。

（一）潍坊街道社会化养老的战略规划

潍坊街道社会化养老服务，坚持需求和问题导向，以项目为依托，充分尊重社区全体老年人的意愿，把老人的需求作为发展养老服务的决策依据。潍坊街道办事处每年开展一次面上的意见征询，由民政部门牵头组织，依托各居民区，通过问卷、访谈等形式开展调查，摸清社区老年人对养老服务需求的实际状况，并及时提出相应的年度工作措施。在日常工作中，民政部门定期、不定期征询群众意见，及时调整和完善养老服务工作方案。根据社区老年人的年龄层次、健康程度、家庭构成以及经济状况等分类，提供不同的养老服务方案，打造一个以满足老年人基本生活需要为主,辅以多元化、个性化需求的为老服务网络体系。此外,还要密切关注社区养老服务出现的新形势、新情况,及时分析养老服务中的问题和不足,努力寻找解决问题的有效方法,通过具体的项目实施来发展养老服务。

(二)潍坊街道社会化养老的主要目标

根据《潍坊社区养老事业发展"十二五"规划》,潍坊街道在"十三五"期间的主要目标是构建一个面向社区所有60岁以上老人的全覆盖、多选择、可衔接的服务体系。

1. 社区居家养老

社区居家养老主要面向社区高龄老人、独居老人、空巢老人、困难老人和生活不能完全自理的老人,为其提供生活照料、康复护理和精神慰藉服务,让社区成为老年人的"养老大院"。一方面,进一步加强社区老年人日间照料中心建设。潍坊街道在已建成的7间日托所的基础上,总结不同模式的建设经验,加强软件建设,探索多功能、辐射型的标准化服务机制,努力形成可推广的日托服务标准。另一方面,扶持社区居家养老新模式。对社区新出现的诸如伙伴聚家、模拟家庭等新型互助型养老模式进行扶持,并帮助其总结模式经验加以推广。

2. 家庭养老

家庭养老面向社区老年人提供多元化的老年服务项目,形成老年人自我服务、为他人服务的氛围,提高老年人的生活满意度与幸福感。未来五年根据老年人需求的增长,在目前已经形成的"六助"(助餐、助医、助洁、助行、助浴、助急)养老服务基础上,将人性化、多样化服务作为社区养老服务的发展方向,继续将"六助"服务做实做细,并补充发展"六助"以外老人所需的服务项目,通过"6+X"助老模式,充实"老有所养"的内涵,提高老年人的幸福指数。在原有的社区老年综合助餐点的基础上,提升老年综合助餐点功能,将其扩展和完善成为一个选择面更广、辐射面更大的堂吃与配餐送餐相结合的老年食堂,方便老人就餐。引入相关社会组织提供专业化的老年心理调适服务,通过夕阳红心灵咨询站,为有需要的老人提供心理测试,并伴以个案辅导和追踪,对于心理严重不适的老人提供相关的转介服务。通过未来几年的运作,逐步建立起由社区志愿者、社工专家、专业机构共同组成的社区三级助心网络。每年通过"孝亲敬老"的评选活动，大力表彰孝敬老人、赡养老人的典型事例，持之以恒地搞好尊老敬老爱老的传统美德宣传，对遗弃老人、虐待老人的行为予以谴责，在全社区营造良好的家庭养老氛围。针对大量刚退休的社区低龄老人，开展退休适应教育，举办系列教育活动。通过退休福利、退休心理、退休适应等课程，倡导科学健康的退休生活方式，辅以新技能、新信息、新文化等课程培训，增强这批老人的退休适应能力，并适当发展其作为社区低龄老人志愿者，为其链接退休后的社会关系。

3. 机构养老

机构养老主要面向社区高龄和失能老人，逐步向全护理方向转型，提供专业化的机构养老服务。在硬件设施方面，除了完成潍坊敬老院改扩建工程，改善其设施条件和周边环境外，进一步在社区内挖掘潜力，利用旧厂房、旧仓库或其他有利用价值的建筑设施，通过购买或承租的方式，改造成敬老院或外设服务区，努力增加养老床位。在软件建设方面，首先建立护理评级制度，根据入院老人身体状况，对老人所需要的个人生活和健康护理作评估，对于低层次照料需求的老人，主要提供住宿和一些个人日常生活照料，例如助浴、助餐、帮助穿衣、如厕、移动、照料二便失禁者和一些简单的健康理疗服务等。对于高层次照料需求的老人，除了基本照料之外，提供一些额外的健康护理服务，包括提供设备进行个人生活护理和医疗护理，例如提供代步工具帮助老人移动，提供一些基本的药物治疗和吸氧设备。其次，必须提高护理质量。开展专业化的护理人员培训，鼓励其参加各种形式的技能提升教育，开展各种形式的岗位激励，以提高护理员整体素质。

四 潍坊街道社会化养老服务的模式建构

（一）潍坊街道社会化养老服务的运行体系

潍坊街道为老服务主要由社区服务办公室来统管，负责社区养老服务体系建设，除了对街道敬老院的监督管理之外，还有两个部门：一是社区服务中心，下设社区养老服务中心具体开展养老服务工作；二是社会组织服务中心。这些部门都与潍坊街道的养老服务有密切关系（如图2.1）。

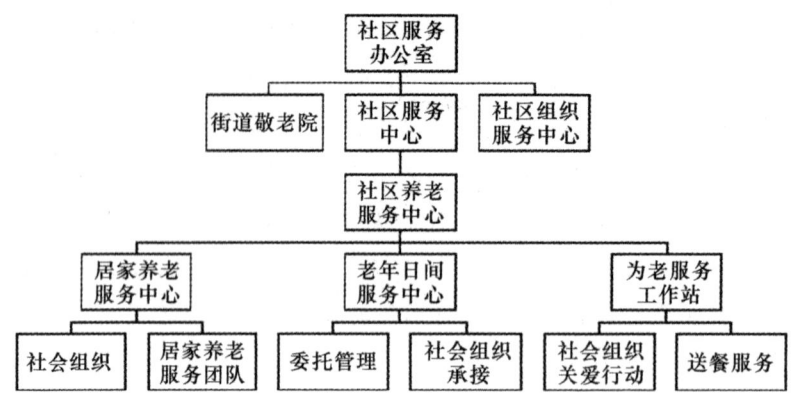

图 2.1 潍坊街道社会化养老服务运行体系

1. 社区服务办公室

社区服务办公室主要承担组织和实施与居民生活密切相关的社区公共服务，参与辖区公共服务设施建设规划，承担就业促进、社会保障、社会救助、为老服务等职责；在为老服务方面，负责社区养老服务体系建设，承担社区敬老院、日托所等为老服务基地的管理、指导和建设。

2. 敬老院

潍坊街道敬老院的管理制度是院长负责制，下设医护管理部、后勤保障部，层层管理负责，签订合同书，确保敬老院的规范化运营。潍坊街道敬老院从建立之初起，共经历了五任院长，从委托管理到承包制，再到现在的院长聘任制，潍坊街道敬老院做了三种运营模式的尝试。前两种模式都或多或少存在各方面问题，没有能够得到老人的认可，自 2011 年，街道实行院长聘任制之后，潍坊街道敬老院的发展进入一个新的阶段。

3. 社区服务中心

社区服务中心为社区居民提供便捷、实惠、优质的各类便民服务活动，下设社区服务机构，提供服务的方式主要有两种：第一，通过热线、网络等服务社区的全体居民，但是接受服务的 70%—80% 是老年人，这一方面的服务是针对"9073"里 90% 的全体居民，老人能够通过热线电话、居委会等渠道，将诉求告知社区服务办公室，由其派一些专业志愿者为老人提供便民服务；第二，通过大型的便民服务活动，提供理发、配钥匙、家电维修、家政等服务，服务频率为：每个月在每个居委会、每块（3—4个居委会）以及街道各举行一次，主要服务对象也是老年人。通过这一网络让居民尤其是老年人不出小区就能享受到便民服务，优先满足更广大老年人的需求。

4. 社会组织服务中心

社会组织服务中心是一个宏观策划、协调、服务和管理的枢纽型社会组织。其主要有两个功能，一是培育，一是引入。培育是指服务中心会通过挖掘社区领袖成立社会组织，培育本社区的社会组织品牌承接项目，培育一支高质量的服务团队。引入是指动员一些专业的、有资质的社会组织参与，在政府没办法做而居民有需求时提供专业化服务，更好地满足社区居民的多元化需求。同时，潍坊街道社会化养老的管理模式，不论在组织构架还是责任分配上都有一定的优势。社区养老服务管理的形式一般是居家养老服务中心、社区服务中心和社会组织服务中心，中心各有一个主任，三者有机结合，相互协调与沟通，防止工作职责缺位与错位的发生，达到信息互通、资源共享的目的。

5. 社区养老服务中心

社区养老服务中心是社区服务中心的工作部门之一，分为三个子部门：第一个是居家养老中心，主要服务对象是政府补贴对象的居家养老服务对象，由居家养老服务中心来统筹、协调、管理，既监督其他社会组织做得好不好，同时管理好自己的队伍。目前通过32个工作人员、引进的两家社会服务组织以及一家敬老院，为360名老人提供服务。第二个是老年人日间服务中心，目前，潍坊街道有7间老年日间服务中心，分别由3家社会组织来承接这个项目，服务对象主要是65周岁以上、自理能力是轻度和中度的失能老人，而管理中心主要负责和这些组织协调及对其监管。第三个是为老服务工作站，作为一个注册的社会组织，它主要的职能有两块：一块是开展老年人互助关爱行动，如"新沪商"——潍坊老人互助关爱行动；一块是送餐服务。

（二）潍坊街道社会化养老服务合作供给模式

随着我国老龄化水平的提高，养老服务事业在我国得到一定程度的发展，但是，在目前我国社会化养老服务的发展过程中，仍旧存在过分强调政府作用的现象。潍坊街道社会化养老服务能够取得如此多的成绩，与其在养老服务体系的构建过程中强调责任主体的多元化密不可分，每位参与主体各司其职，充分发挥自身优势，为潍坊街道社会化养老服务贡献自身的力量。

1. 理论视角

福利多元主义是20世纪80年代为解决福利国家危机而兴起的研究范式，该理论主张社会福利来源的多元化，既不能完全依赖市场，也不能完全依赖国家，福利是全社会的产物。福利多元主义是在对福利国家危机的反思中提出来的，它重新对福利予以界定，认为福利的来源应该多元化，福利责任不仅仅由国家或市场来承担，其他社会主体如个人、家庭和志愿组织、民间机构等也是福利的提供者，并应承担相应的责任。它试图冲破国家和市场的绝对主义藩篱，寻求福利国家未来发展的最佳路径。

21世纪以来，我国学界对服务型政府建设的定位逐步明确，即构建以人为本的发展理念与实践的新型政府治理模式[①]。我国政府在以人为本、科学发展的观念指导下确立了建设服务型政府的改革战略。服务型政府的理论本质是坚持以人为本的执政理念，强化和突出政府的公共服务职能。社会和公民的参与不仅能弥补公共服务提供的不足，而且对政府的公共服务提供起到监督和评价的作用。

在社会化养老服务实践中，潍坊街道坚持"政府主导，多方参与，形式多样"的原则，形成政府、社会组织、企业、志愿者等多方共同参与，协同共促养老事业发展的局面，形成"政府主导、社会参与、企业协同"的多层次多元化的社会化养老服务模式（如图2.2），"多元主体合作供给"的多元福利格局已成趋势。

2. 政府主导：社会化养老服务的基础

相对于家庭、社区的微观责任而言，政府更倾向于宏观引导，为居家养老服务的发展制定相关政策和中长期发展规划，提供科学规范化的管理和监督、资金投入等才是主导该社区养老发展的关键所在。与政府在传统养老服务中的"被动作为"有别，在潍坊社会化养老服务新模式中，政

---

① 扶松茂、竺乾威：《公共服务型政府建设若干问题的思考》，《苏州大学学报》（哲学社会科学版）2011年第5期。

第二章　社会化养老服务在潍坊：模式建构 / 19

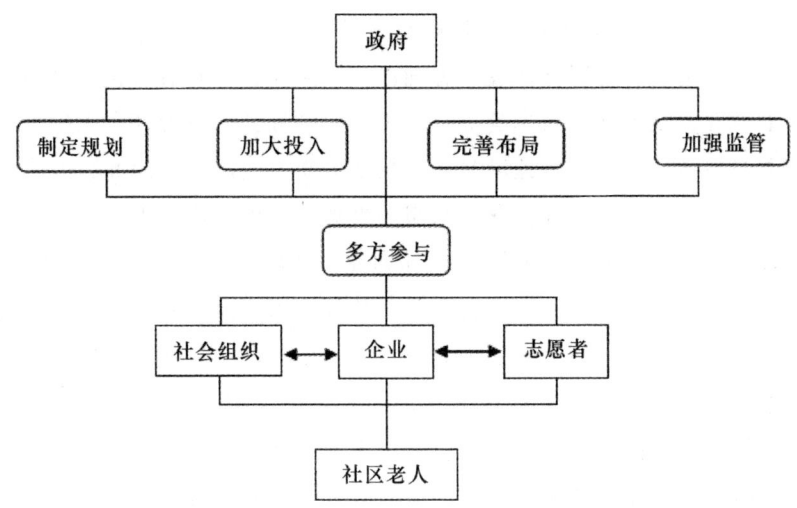

图 2.2　潍坊街道社会化养老服务模式

府扮演了非常主动的角色。社会化养老服务是为老年人谋福利的事业，必须发挥政府的主导作用。

在潍坊社会化养老的实践中，政府主导作用体现为：第一，制定规划，明确职责。政策制定是养老服务制度推行的基础。潍坊街道党工委、街道办事处把发展养老事业作为完善社区公共服务体系的重中之重来抓，全力加强对发展养老事业的领导。每年定期研究养老事业发展情况，尽最大可能为养老事业发展争取和协调资源。第二，加大投入，增强保障。财政责任是政府在养老服务中的第一责任。政府通过财政手段对居家养老服务实施给予一定的资金支持，用于养老服务的基础设施建设。在潍坊街道的年度预算总额中保证养老事业发展经费，街道财力的增量部分优先向养老事业倾斜，街道用于养老事业的财政经费逐年增加。第三，整合资源，完善布局。除了专业为老服务队伍外，社区还建立了"五星助老网络"，使独居老人得到精神慰藉和照应；积极发动社区内的企事业单位参与为老服务，充分调动全社区资源，多方位构筑社区助老网络。第四，完善机制，加强监管。政府的有效监管是社会化养老服务能够长期有效持续的前提条件。潍坊街道与社会组织的合作以契约化形式来运行，签订合同，完善相应的管理体制，强化监督机制的职责，对养老服务的各个环节进行检查,并不断提高管理能力,引入专业化的管理人员。

3. 社会参与:社会化养老服务的支撑

由于社会化养老服务涉及方方面面,如果完全由政府负担,既不利于资源的整合,也不利于效率的提高,由不同的社会主体为老年人提供多元化的养老服务,能够更好地满足不同层次老年人的需要。因此,鼓励社会力量的参与,乃是今后社会化养老服务发展的必由之路。世界上其他国家对于社区老年服务的基本做法也大都如此:政府以购买服务的形式出现,政府起到出资、规范、监督、管理和评估等作用,而具体的实施则在相当大的程度上依赖于民间组织。为此,《国务院关于加强和改进社区服务工作的意见》中提出要培育社区服务民间组织,组织开展社区志愿服务活动以及鼓励和支持各类组织、企业和个人开展社区服务。

社会参与的优势体现为:首先,社会组织的参与可以弥补政府服务不足,满足老人多样化需求。随着经济社会的发展,老年人晚年的生活方式和生活内容也在不断发展,对居家养老服务的需求也呈现出多样化的趋势。政府行为的"普遍性"与"局限性"难以对多元化的居家养老服务需求做出及时的回应与满足,而政府在这些方面的弱点恰恰是社会组织的优势所在,并为民间组织的发展提供了广阔的空间。其次,社会组织能够起到整合社会资源、拓展资金来源的作用。从社会组织与政府、企业以及社会组织之间的互动关系来看,社会组织具有整合社会福利资源的优势,还可以成为政府与社会各层面之间进行沟通与交流的桥梁。最后,社会组织的参与能够提高服务效率,降低服务成本。社会组织具有非营利性、民间性与公益性,它独立于政府官僚体系之外,不同于政府机构权力等级制的运行原则,具有较强的使命感,是多样、灵活、平等的自治性组织,因而在提供服务时必然具有比政府更低成本、更高效率的优势,能够提高服务质量,完善服务项目,规范服务行为。

潍坊街道充分调动社会资源的积极性,积极培育和引导社会组织参与,形成政府和市场、营利和非营利组织协同发展养老服务的局面。积极帮助和协调辖区内为老服务社会组织发展中的瓶颈问题,鼓励社会组织积极承接街道的养老服务。完善对社会组织扶持和资助的机制,运用委托管理、联合管理等多种形式,培育并引进了一批有较大影响的专业养老服务社会组织。积极引进专业化的社工人才,加强专业化养老服务队伍建设,通过建立专业社工实习基地等形式，搭建专业养老服务队伍培养平台，努力提高养老服务从业人员的服务能力。加强对现有养老服务从业人员的职业技能培训，针对不同岗位需求开展特色培训，结合社区发展实际，逐步提高从业人员的待遇和福利水平，完善激励和奖惩制度，提高整个队伍的专业化素质和能力。

4. 企业协同：社会化养老服务的新动力

企业是社会经济系统最为活跃的要素之一，对整个社会的发展也起着至关重要的作用。自20世纪初企业社会责任的概念提出以来，企业社会责任问题就备受关注，无论企业是否出于自愿，都要积极解决社会问题，对各利益相关者担负起责任。企业社会责任已经成为企业经营管理的一部分，履行社会责任具有经济与道德的双重合理性。企业履行社会责任能够促进企业运行效率的提升，保证企业自身利益的实现，同时作为社会公民践行责任伦理的过程，彰显了社会的公平与正义。

潍坊街道社会化养老服务体系，将构建和谐社会，让企业履行社会责任，作为新形势下重大命题。企业慈善责任是企业社会责任的重要方面。参与潍坊社会化养老的企业，本身具有极强的社会责任，它们希望做一些有社会影响力的事情，在街道的具体项目上进行资助，既能看到义工的成长，也能感受到受助老人获益。现代快节奏的社会使得年轻人疏于对老人的照顾，甚至缺乏基本的家庭交流，因此社会养老中精神赡养是重点。潍坊街道的"新沪商—潍坊老人互助关爱行动"项目，树立了正确的理念，满足了社会的需求，通过与老人的长期生活接触，达到丰富老人精神生活的效果。

潍坊街道善于利用企业资金，创新捐助模式，将社会资源引入养老服务队伍，进而企业的"协同助老"作用得以发挥。在这一项目中，真正做到了"政府托底，企业资助，社会运行，居民参与"，企业不仅捐赠资金，还制定了具体的资金使用方案，负责项目的监督与协调；社会组织负责为老服务工作站项目的具体实施和日常运作；街道民政部门负责项目的整体推进。这就形成了政府、企业、社会组织、志愿者共同参与，各司其职、各负其责的项目运作格局，各方面的作用都得到有效发挥，进一步满足了老年人多样化、多元化需求，推进了潍坊街道社会化养老事业的发展。目前项目取得的效果主要有两个方面：一方面，街道的孤寡和空巢老人得到精神安慰，排解了孤独和空虚；另一方面，志愿者的助老服务对于家庭起到了许多正面的影响，受助老人周围的人也受到了志愿服务的影响，邻里关系和子女对老人的关心也加大了，形成了良好的社区氛围。

总之，多元主体参与有利于养老服务注入新的活力，在我国养老服务体系中，家庭、社区、政府都是福利的主要来源，除此之外，非营利组织、企业也都能参与养老服务中，成为其福利来源不可缺少的一部分。政府从宏观角度，为养老服务的发展制定法律政策和中长期发展规划，提供科学规范的管理和监督，并进行一定的资金投入等；社区主要通过发挥自己的整合功能，为老人提供活动场所和包括生活照料、医疗保健、文化娱乐等在内的服务平台；家庭为老人提供精神上的慰藉和居住场所；社会组织为居家养老服务提供专业化的服务支持；市场主体的参与有利于减轻社区的负担，提升老人服务的水平。因此，在养老服务实践中，应该坚持多元主体的福利分析框架。

五 潍坊街道养老服务的社会化实践

传统社会的老年人具有天然的教化地位，许多传统理论甚至认为，人进入老年期不再需要社会化。但社会嵌入理论和现代社会发展证明，由于角色的转换，老年人仍然需要继续社会化[1]，而且除了角色转换外，老年人还会遭遇多重"突然失去"的威胁[2]。为更好地应对这些风险，潍坊街道社会化养老服务实现"社区养老、居家养老、机构养老"三位一体模式。

（一）社区养老：持续与拓展

社区作为一种地域共同体，"社区服务"是一个综合性的概念，其基本含义是指，在政府的资助和政策扶持下，根据居民的不同需求，由政府、社区内的各种法人社团、机构以及志愿者所提供的具有社会福利性和公益性的社会服务以及居民之间的互助性服务；这种福利性、公益性的社

---

[1] Havighurst R. J., R. Albrecht, *Older People*, New York: Longmans, 1953.
[2] Roson, I., "The Social Context of the Aging self", *The Gerontologist*, 1973, 13 (1): 82—87.

会服务的本质是无偿性的服务，并辅以非营利目的的低偿性服务；这种社会服务的对象主要是社区中的弱势群体和优抚对象，也包括社区中的边缘群体和全体居民。从社区功能来说，社区养老是老人继续社会化的一个很好的平台，通过社区为老人提供的各种服务，可以使老人在自己熟悉的环境中更好地应对角色转换的过程。增强社区老人在角色转换过程中的适应性，减少角色突然转变的失落感。潍坊社区养老服务特色主要表现为老年人日间照料服务中心。

目前，潍坊街道有7间老年日间服务中心，分别由3家社会组织承接，"馨丰为老服务社"承接4间，"伙伴聚家"承接2间，"手牵手生命关爱中心"承接1间，服务对象主要是65周岁以上、轻度和中度的失能老人。

所谓日托养老，是一些发达国家在机构养老不足以应对人口老龄化、家庭小型化等社会问题的背景下产生的。日间照料服务是指白天将老人从家中接到老年护理中心等养老机构，这些机构为老年人提供就餐、娱乐、学习、生活照料、心理疏导等服务，晚上再将其送回家中。上海是我国最早开展日托服务的城市之一，早在2001年上海市民政局就已经把为辖区内老人提供的日托服务规定为社区居家养老服务中心的主要职能之一[①]。上海居家养老服务机构提供"六助"服务，即助洁、助急、助医、助浴、助餐、助行。老人在日托所可以享受到助餐、午休、就医、读报上网等，有的日托所还设有洗澡、保健等服务，部分社区为保证为老服务的专业性，购买了非营利组织的服务，由社工专门负责策划设计适合老年人参加的活动，潍坊街道就是这样的方式。

（二）居家养老：自主与自治

居家养老服务有狭义和广义之分，狭义的居家养老服务仅指上门入户服务，广义的居家养老服务包括入户服务与户外服务。本书后面主要研究的是狭义的居家养老服务，主要的服务形式由经过专业培训的服务人员上门为老年人开展照料服务。狭义的居家养老服务包括为老年人提供生活照料、家政服务、康复护理及精神慰藉等综合服务。居家养老服务主要是为

---

① 《上海市民政局关于全面开展居家养老服务的意见》，2001年4月10日。

弥补家庭养老服务能力不足而出现的，因而是家庭养老服务的补充[①]。

潍坊街道的居家养老服务，除了通过组织专业的服务团队为社区老人提供生活便利和精神慰藉以外，另一特色就是联合企业的力量，政府、企业、个人多方参与，使养老服务模式的主体多元化，例如开展"新沪商—潍坊老人互助关爱行动"项目，遵循"以老助老"服务理念，鼓励低龄老年人服务高龄老年人。目前"新沪商—潍坊老人互助关爱行动"项目共有义工233名，结对老人1431人，累计服务达25.8万人次，累计服务时间达14万小时。一方面，年龄上的接近有利于结对关爱的互动交流，相对于其他人群，低龄老年人从社会经验到家庭身份，都更能理解和化解高龄老年人的心理慰藉问题，提升为老服务的质量。更重要的是，低龄老年人在服务社区的过程中，完成了自己退休角色的转换，找到了继续实现自我价值的平台，增强了社区的归属感和荣誉感。

社会化养老服务是全社会共同的事业，多方参与是养老服务事业保持活力与高效的源泉。要最大限度地发挥多方参与的效用，不仅要吸引社会资金投向养老服务，更需要引导专业化的社会力量直接参与社区养老服务。潍坊街道通过设计科学合理的政策，引导、鼓励多方力量参与养老服务，促进社会化养老服务的专业化、精细化。此外，潍坊街道还以购买服务的方式，引入为老服务工作站的社工参与到该项目中，从制度建设上加强志愿者的规范管理和培训。

（三）机构养老：转型与重构

《国家老龄事业发展"十二五"规划》提出建立以"居家为基础、社区为依托、机构为支撑"的社会养老服务体系。机构养老作为社会养老服务体系的支撑，在体系中具有极其重要的地位与作用。我国社会的急剧变迁导致社会化养老服务的需求量逐步增大，并且多层次、多元化的机构养老市场也在逐步扩大[②]。潍坊街道的机构养老主要表现在敬老院建设和长者照护之家。

---

① 陈友华：《居家养老及其相关的几个问题》，《人口学刊》2012年第4期。
② 姜夏烨：《家庭养老服务网VS机构养老——一种选择机制上的融合》，《西北人口》2006年第4期。

1. 潍坊街道敬老院的基本情况

潍坊街道敬老院的规模日益扩大、功能日益完善,目前,建筑面积4100平方米,占地面积2650平方米,开放153张床位。配套设施有两人间、三人间和多人间,便于管理。从护理级别来分,专护11位,一级护理13位,二级护理64位,三级护理32位。从年龄来看,62—70岁2人,71—80岁20人,81—90岁94人,91—100岁33人,100岁以上1人。从员工规模上看,在职员工共56名,管理人员4名,办公行政2名,护理30名,社工1名,保健医生2名,厨师5名,其他人员11名。上海委派的专家到潍坊街道进行帮助监督审核工作人员的持证情况,目前,初级证书19人,中级5人,上岗证6人,社工中级1人,高级康复师1人,保健医生2人,营养师1人,电工2人,消防初级3人。由于敬老院的地理位置以及政府的大力支持,护理人员流动率不到20%。

潍坊街道敬老院立足"敬老爱老奉献爱心,精益求精捧出爱心"的服务宗旨,坚持管理"规范化、护理专业化、服务人性化"的原则,将老人满意、家人放心作为工作目标,以保证老年人的人格尊严和生活质量为工作的最高标准,赋予机构养老"精神赡养""亲情滋养"的功能,真正做到了学者提出的"机构养老居家化"。

2. 长者照护之家

潍坊四村长者照护之家位于上海浦东新区潍坊四村,建筑面积750平方米,内设30张床位。照护之家由潍坊街道办事处投资建设,由爱照护公益团队运营管理。除了可以为30位老人提供机构内的长期照护服务,还将为周围120—140位老人提供上门居家养老服务,主要服务对象为潍坊街道辖区内有照护需求的失能失智老人,在机构内的服务主要包括日常生活照料、专业护理、康复理疗、心理干预和医疗服务等。

根据民政部的《养老机构设立许可办法》,对于养老机构的床位数要求仅在10张以上,面对日趋严重的老龄化问题,小型化社区养老机构的发展得到广泛关注,此类机构服务占地面积小,能够利用旧建筑或者居民楼改造而成,造价便宜,硬件建设容易实现。且充分利用周边的公共服务设施,保证了原居住环境养老的可能。人数少,覆盖范围窄,能够加强老人的认同感,并形成家庭式照顾氛围,且服务能够辐射周边社区,服务人员能够为周围的老人提供上门服务,提高工作效率。潍坊四村长者照护之家是政府最低投入、服务最多老人的典型,此类嵌入社区的微型养老机构,能够将服务辐射到周边老人,深度智能系统实时对老人情况进行远程监控,及时发现老人的护理需求,达到工作效率最大化。

但是,机构养老模式也存在一些问题,需要进行转型和重构,注入新的活力。2011年12月26日,国务院《社会养老服务体系建设规划(2011—2015年)》指出:机构养老服务建设重点之一是老年养护机构,老年养护机构主要为失能、半失能老人提供专门服务,包括生活照料、康复护理、紧急救援,鼓励在老年养护机构中设医疗机构,并提出重点推进供养型、养护型、医护型老年设施建设。但是,目前的大部分养老机构采用"医养分离"的照料模式,医疗机构与养老院"分工明确",医疗机构对老年患者仅提供门诊和病重时的短期住院,而养老机构一般只提供生活照顾和护理,即使是一些条件好的机构也只配备简单的医疗设施。医养分离的模式造成了医疗资源被不合理占用,护理院、医院老年病床供不应求,老年人的医护需求难以实现等一系列现实问题,也给医保基金造成了巨大的负担。

在这种情况下,在养老院中增设医疗机构、养老和医疗机构共同合作、医疗机构内设养老院等多种新型养老机构发展方式,成为医养结合机构养老模式发展的奠基石。在未来养老机构的发展中,医养结合机构将成为养老机构的发展趋势。

第 三 章

社会化养老服务的运行逻辑：多元参与

我国迅速发展的人口老龄化与家庭小型化、高龄化、空巢化重叠，与经济、社会转型相伴相生，结构日益分化、内容愈加多样化的养老服务需求与养老服务供给滞后的矛盾日益突出。拓展供给主体，建立多元参与的社会化养老体系已迫在眉睫。社会化养老服务的治理之道在于多元参与。20世纪，在西方福利国家出现危机时就兴起了福利多元主义理论，其倡导福利来源的多元化，福利的规则、筹资和提供由不同的部门共同负责和完成。根据福利来源，福利多元主义有三分法和四分法之说。罗斯认为福利是全社会的产物，福利的提供者由国家、市场和家庭共同构成。欧尔森则认为福利提供由国家、市场和家庭、邻里、志愿组织等民间社会共同实现。伊瓦思发展了罗斯的分析框架，提出了福利三角的研究范式，后来又进一步修正，认为福利有市场、国家、社区和民间社会四个来源。约翰逊也运用了四分法的范式，认为福利的来源包括国家、市场、家庭和志愿组织。① 无论是三分法还是四分法，福利多元主义的核心内涵是分权与参与，它反对福利供给的国家垄断，强调社会力量在福利提供中的价值，主张福利来源的多元化。这为公共部门以外的经济组织、非营利组织等参与福利服务提供了理论依据。

西方学者针对公共产品供给出现的市场失灵和政府失灵提出了治理理论。近年来治理理论愈来愈得到国内外学者的推崇。关于治理的概念有各种诠释，其中全球治理委员会在《我们的全球伙伴关系》中的界定得到普遍引用。即治理是各种公共的或私人的机构和个人管理其共同事务的诸

---

① 彭华民等：《西方社会福利理论前沿》，中国社会出版社2009年版，第17—21页。

多方式的总和,是使相互冲突的或不同的利益得以调和并且采取联合行动的持续的过程。治理是一个过程;治理过程的基础是协调;治理既涉及公共部门,也包括私人部门;治理是持续的互动。[①] 我国著名学者俞可平曾指出:治理是指官方的或民间的公共管理组织在一个既定的范围内运用公共权威维持秩序,满足公众的需要[②]。尽管定义不同,但有一个共同点就是强调多元的治理主体,治理的主体不仅限于政府,还包括其他公共部门和私营部门,政府与其他治理主体之间的关系应该是伙伴合作关系。也就是说,治理是一个公共部门、私人部门等行为主体为共同处理公共事务而进行协调互动的过程。

无论是福利多元主义还是治理理念,强调的都是福利主体的多元化,公共服务的供给不是政府独揽的责任,家庭、志愿组织等都可以在政府的主导下参与公共服务的供给。

潍坊街道是上海市首批社区建设的六个试点街道之一,也是上海老龄化程度较高的社区之一。面对挑战,潍坊街道不断探索,创新理念,立足于老年群体的实际需求,将老龄事业发展与社会建设有机契合,通过不断

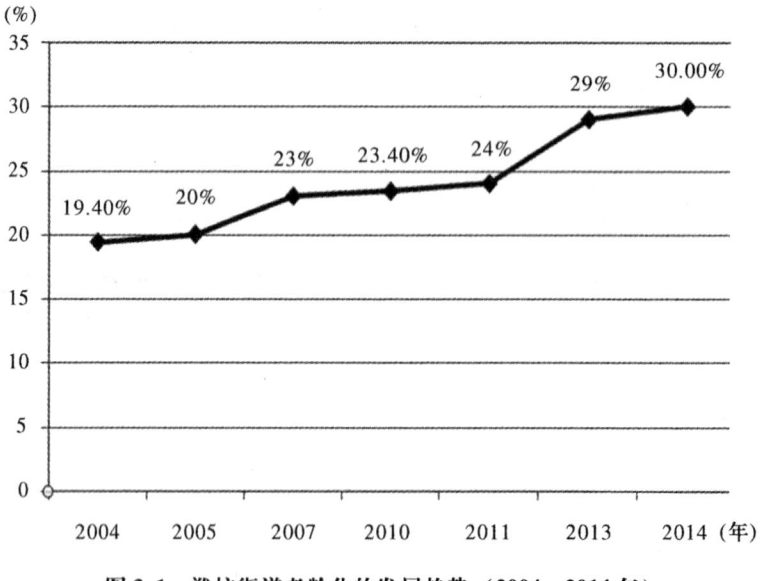

图 3.1 潍坊街道老龄化的发展趋势(2004—2014 年)

---

① 参见全球治理委员会《我们的全球伙伴关系》,英国牛津大学出版社 1995 年版,第 23 页。
② 俞可平:《治理与善治》,社会科学文献出版社 2000 年版,第 5 页。

整合社会资源，逐步完善为老服务体系，现已形成"政府主导、社会参与、企业协同"的社会化养老服务运作模式。社会化养老得以践行的基本支撑是参与主体的多元化。社会化养老需要政府、社会和市场等各方主体的共同参与，形成合力，共促养老服务事业的良性发展。在多年的实践中，潍坊街道以构建全覆盖、多选择、可衔接、多层次的社区养老服务体系为目标，在政府的主导下，吸引和鼓励企业、社会组织、志愿者等多方力量积极参与，通过分工协作，共同为老年人提供一个"老有所养、老有所依、老有所教、老有所学、老有所乐、老有所为"的生活环境。

一 敢为人先的街道办事处：养老服务的统筹者

在社会转型的大背景下，政府职能转变一直成为改革的核心议题。我国政府经历了从划桨到掌舵再到服务的角色转化。随着市场经济体制的确立和完善，政府的主要职能逐步集中到经济调节、市场监管、社会管理和公共服务方面。在福利社会化的实践过程中，政府必须明确其责任，负责制定各种规则，营造良好的行业发展环境，必须制定相关战略和规划，并给以指导和监督。

地方政府是社会化养老的统筹者和引导者。由于人口老龄化问题一直比较严重，作为政府的派出机关，潍坊街道办事处长期以来都高度重视老龄问题，始终致力于推动养老服务事业的发展和构建完善的社区养老服务格局，并敢为人先，不断创新和突破传统养老模式，通过制定相关养老服务发展规划、建立有效的财政投入增长机制和监管机制等，为社会化养老服务提供前瞻性的战略方向和支持性的政策环境。

（一）规划先行，制度保障

2008年后，潍坊街道办事处将招商引资职能剥离，重点进行社会管理、公共服务、民生保障、社会稳定、社区服务，并将养老服务作为社区公共服务体系的重中之重来发展。为推动为老服务事业健康有序发展，潍坊街道把发展老年事业纳入重要议事日程，立足于实际需求，制定相关发展规划，完善配套的政策和制度。

严峻的人口老龄化态势极大地考验着街道办事处的规划能力。早在

2007年潍坊街道就制定了《潍坊社区老龄事业发展三年规划》，从组织、制度、资金、体系等方面对潍坊社区的老龄事业做出了规划。为制定发展规划和推动规划的有效实施，潍坊街道不断完善各种相关制度。一是建立和健全推进工作联席会议制度。街道党工委、管委会建立老龄事业发展议事制度，定期召开各方专题会议，集体研究三年规划的进程，协调解决推进过程中出现的重大难点，采取措施及时补充或调整规划中的不足，建立议事决策的长效机制。二是建立和完善为老实事项目的监察制度。社区基建部门和社会事务工作部共同落实有关为老服务的实事工程，定期监察工程实施、资金使用等情况，确保三年规划中相关实事项目的完成。三是建立和推行社区养老服务社会共管制度。在完善对养老机构的各项管理服务制度以外，引入企业运营的理念，吸引社会力量介入社区养老设施养护、社区为老服务的需求响应等工作，运用项目化管理方式，逐步形成"街道主体自管、民间组织参管"等多种养老设施管理模式。

2011年，潍坊街道与有关专家、学者合作，在充分调研社区养老服务现状和需求的基础上，制定了《"十二五"时期潍坊社区养老服务发展规划》，明确需求导向、问题导向和项目导向的发展思路，并提出"构建全覆盖、多选择、可衔接的社区养老服务体系"的目标。为推动"五年规划"顺利开展，潍坊街道还制订每年的行动计划，将各项任务细化分解，落实目标管理责任制，有重点、有节点地推进实施。

在规划的实施过程中，潍坊街道不断加强制度建设和完善政策支持体系，着力健全各类规章制度以规范管理为老服务工作。在居家养老服务方面，潍坊街道先后制定了《潍坊街道居家养老工作管理考核办法》、居家养老工作程序和"社会招聘、工会例会、定期走访"等五项工作制度，从而保证了"居家养老"工作的有效推进；在培育社会组织方面，潍坊街道先后出台了《潍坊街道向社会组织购买服务的若干意见》《潍坊社区扶持公益性社会组织若干意见》等政策，通过税收优惠、运作补贴等方式培育和扶持社会组织。潍坊街道通过整合相关政策资源，充分发挥制度的综合效应，拓展渠道解决养老服务资源不足问题，在规划的指导下，有序推进街道养老服务事业的发展。

(二) 创新理念，敢为人先

创新是引领社会发展的不竭动力。潍坊街道勇于探索，围绕社会组织培育、为老服务方式、社区养老服务资源整合等问题在体制机制、政策制度、工作方式和发展模式方面不断创新，尤其在公益组织社会化运作和社会福利社会化等方面敢为人先。

1. 探索新的为老服务方式

其主要体现在居家养老服务方面。上海市提出要构建"9073"的养老服务格局，即"90%老人在家庭养老、7%依靠社区养老、3%依靠机构养老"。由于历史原因，潍坊街道的土地资源有限，很难实现提供3%的机构养老床位。潍坊街道"一切以老人为中心"，通过各种形式拓展社区服务内容和形式，弥补机构养老的床位不足，让老年人能"原居安老"。首先，潍坊街道在内容上特别注重精神服务，开展各种老年人文化教育、体育、娱乐等活动，丰富老年人的晚年生活。其次，切实关怀独居老人，通过实地调查，潍坊街道掌握了独居、贫困、残疾老人等特殊群体的基本情况，并为所有孤寡、独居老人免费提供居家养老服务、设施改造等服务；此外，以低龄老人关爱高龄老人的形式建立了一支稳定的老人关爱行动小组，形成常态化的结对探望制和独居老人定期聚会制。通过提高社区照料服务使老年人尽可能居家养老正符合了当今国际上原居安老的主流趋势。

2. 创新养老机构的运营体制

潍坊街道敬老院的发展是个很好的例子。街道敬老院成立于1992年，成立后由街道相关职能部门直接管理。1999年开始，潍坊街道开始探索公益性设施社会化管理的模式，并与浦东新区社会福利院合作，由新区社会福利院负责街道敬老院的经营管理。这种模式提高了敬老院服务与管理的专业性和规范性。2003年，潍坊街道率先在浦东新区对敬老院实行社会化管理，向社会公开招标，内部运作完全脱离街道由个人来经营管理，街道仅对其加以宏观上的监督和检查以维护和保障老年人的合法权益。这一新的做法，当时得到了国家民政部、上海、市、浦东新区有关部门的高度重视和评价①。2011年,潍坊街道改变原来的管理体制,对敬老院采用了院长聘任制,通过契约式合作来加强对敬老院的管理。敬老院的发展经过了从"委托管理"到"个人承包"再到"院长聘任制"的多种模式。尤其是在采用院长聘任制后,为老服务质量得到较大提升,服务工作日益规范,老人满意度也大大提高。敬老院多次在"浦东新区三星级养老机构"评定中名列前茅,曾获得"浦东新区巾帼文明岗"等多种荣誉。

3. 创新为老服务的科技手段

这主要体现在潍坊街道率先通过科技引领实现智慧养老。2011年10月,潍坊街道开始开展"智慧社区—科技助老"项目。为此,潍坊街道组建"智慧社区—科技助老"领导小组,指导实施智慧养老管理工作,在敬老院7个老年日间服务中心和独居老人等部分居家养老服务对象家庭安装"爱照护"管理系统,努力打造"机构—日托—居家"三位一体的智能化养老服务管理系统。通过这一智能化养老服务管理系统建设,潍坊街道提高了对敬老院、日托和居家养老服务组织的监督、指导和管理能力,整合了各项养老服务存量资源,形成了多层次的"全景式"养老服务格局。该系统一方面为服务组织与老人家庭建立了有效、快速、便捷的信息沟通渠道,有利于家庭了解老人的生活和服务状况并适时参与老人照料;另一方面,这一社区为老服务信息枢纽平台能吸引更多专业化的养老服务组织参与潍坊街道养老事业的发展;此外,这一平台还有利于社区对服务的社会组织进行监管,以保障服务的质量和规范性。

潍坊街道通过不断创新和探索,积极推进养老机构运营机制完善,通过引入先进的管理技术和手段,鼓励社会力量参与公办养老机构建设和运行管理,形成多元化、社会化、现代化的管理模式。

(三) 资金支持,完善设施

养老服务业首先是一项事业,是一项庞大的系统工程。资金充足是养老服务事业的重要保障。目前,在养老服务社会资源不足的情况下,政府

---

① 潍坊社区(街道)党工委潍坊社区管委会(街道办事处)编:《潍坊新村街道年鉴2003》,2004年,第98页。

的财政投入是养老服务事业健康发展的关键动力和根本保障。《中国老龄事业发展"十一"规划》也明确提出要努力增加资金投入,建设好与老年人日常生活密切相关的文化、卫生、社区服务等公共设施。

潍坊街道一直把社区养老作为社区建设工作的重中之重,并给予大力的资金保障。正如时任街道办事处主任蒋蕊所说:"近几年潍坊街道对养老服务舍得投入。"① 为构建一个面向社区所有老年人的全覆盖、多选择、可衔接的服务体系,潍坊街道建立了相应的资金投入机制,确保各项养老服务工作的运转。

第一,设立了老龄事业发展资金。潍坊街道每年设立 80 万元财政预算,为养老服务项目的运作提供财力保障机制。第二,设立民间组织公益性涉老服务专项资金。为推动和鼓励民间组织、驻区单位等社会力量多方参与涉老服务项目,潍坊街道每年设立 20 万元专项资金以"项目制"的形式向社会组织和其他社会力量购买服务,实现了政府、社会组织、老年群体多方共赢的局面。第三,切实落实各项资金补贴。潍坊街道发挥政策引导作用,通过落实养老床位建设补贴、机构运营补贴、社会组织开办补贴等政策,引导企事业单位、民间组织等参与社会养老服务。

总体上潍坊街道每年用于日常养老服务的实际支出都比较高,尤其是 2012 年,该项支出达 1238.78 万元,占财政总支出比例为 6.89%。养老服务的软件服务得到了较高提升,硬件设施布局趋于合理规范。

潍坊街道有计划地压缩其他行政开支,不断加大对养老设施建设的投入,并通过盘活存量,完善社区"老年人生活圈"配套设施建设,着力构建一个相对完善的养老服务网络。潍坊街道是一个由动迁居民与征地农民回迁为主体的老社区,与陆家嘴国际金融中心接壤,土地资源紧缺,很难再开发新的养老服务设施。为此,潍坊街道投入大量资金,尽可能地挖掘社区存量资源,增加养老服务设施。

2001 年起,潍坊街道就开始投入大量资金,对居委会的老年活动室进行改造,给老年人提供一个舒适的活动环境。同时利用租赁回收房、旧办公房,改建各种养老设施,为老服务供给能力不断提升。2009 年,潍

---

① 吕剑波:《潍坊社区尝试一系列养老服务新模式》,http://sh.eastday.com/m/20120328/u1a6454290.html。

(万元)

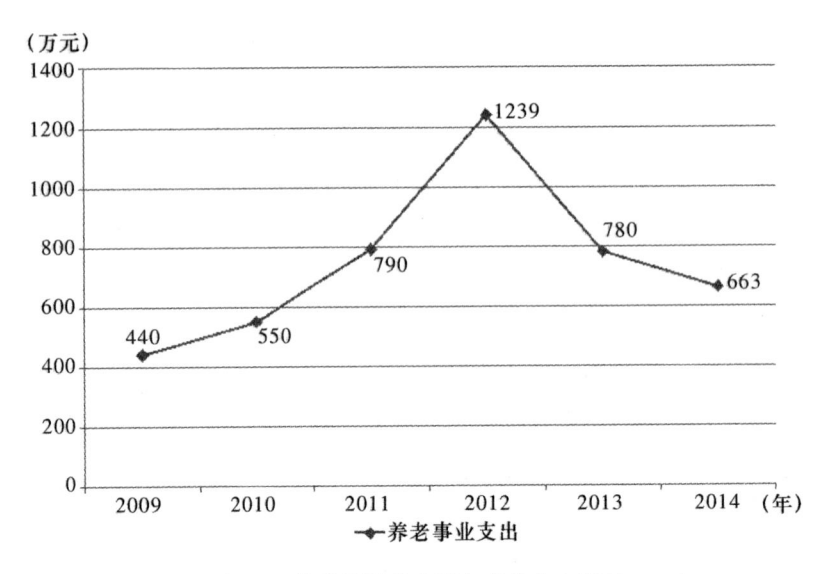

```
1400
1200                    1239
1000
 800            790          780
 600    440 550                  663
 400
 200
   0
      2009 2010 2011 2012 2013 2014 (年)
              ──◆── 养老事业支出
```

图 3.2　潍坊街道养老服务事业支出情况

坊街道想方设法腾出了 160 多平方米的房子建立"潍坊老人日间服务中心",并投入 40 多万元加以装修。之后,街道又尽可能挖掘资源,先后设立了 7 个大小不等的老年日托所,建筑面积共 1100 多平方米,床位达 150 多个,并投入 225 万元进行装修,每年的运营费用总预算达 70 多万元。

截至 2014 年年底,潍坊街道共建成 1 个敬老院,开放养老床位 153 张;设立了 7 个老年日间服务中心,均衡地分布在社区内,每个日间服务中心可以服务约 20 位全托老人和 40 多位"半托式"老人;设立了 7 个助餐服务点,每天可以为 300 多名老年人解决就餐难题;改建了一个集康复、心理咨询、养护照料、生活服务等为一体的老年人综合服务中心——潍坊社区老年服务中心,每天可接待 300 余人;2014 年 9 月,改建成立了一个养老微机构——长者照护之家,可为轻度失智失能老人提供 30 个床位。

在保障资金投入的前提下,潍坊街道不断整合已有资源,基本建成了布局合理和便利的养老服务网络,初步形成了以居家养老为基础、以社区服务为依托、以机构养老为支撑的养老服务体系。

(四) 规范管理，加强监督

1. 完善制度，规范管理

为鼓励和规范更多的社会组织参与为老服务生产，2012年，潍坊街道出台了《潍坊社区扶持社会组织发展的若干意见（试行）》。该文件中规定了对社会组织的扶持政策，对政府购买服务机制、购买服务评估机制、社会组织的补贴方法等做出了明确规定。2014年，在上述意见的基础上又出台了《潍坊街道向社会组织购买服务的若干意见》。此规定中，明确了社区购买社会组织服务的内容清单，制定了包括资金来源、从立项到评估的整个购买程序、工作机制和财务管理和绩效评价等在内的一系列制度，确保购买社会组织服务的规范性、科学性。

2. 构建为老服务组织评估和监督体系

政府在职能转变的过程中，逐渐将大量的为老服务工作交由信誉较好的社会组织实施。构建健全的评估和监督体系是为老服务质量得以保证的重要措施。首先，在选择合作的社会组织时，潍坊街道相关部门严格把关。潍坊街道往往选择资质较好、信誉度比较高的值得信任的社会组织，对于不熟悉的社会组织通过第三方评估社会组织的资质和能力来确定。其次，对项目进行全过程监督。建立由街道领导、行业专家和学者专家等组成的评估小组，对政府购买的养老服务项目进行事前、事中和事后的规范考核和监督。例如，为保证街道7个老年日间照料中心的管理规范和服务质量，街道成立了以街道办事处主任为首的评估小组，每年定期对各日间照料中心的资金使用情况、满意度、社会效应等进行考核和评估。对于所有政府购买的项目，在项目结束后均要提交评估报告。10万元以下的政府购买项目由职能科室负责评估；10万元以上的项目由职能科室与街道社会组织服务中心委托第三方专业机构进行评估。评估的内容包括服务成效、服务对象满意度、经费使用等。通过多年的探索与实践，潍坊街道已形成一个公平、公正、公开的竞争机制和监督体系，确保为老服务社会组织的服务质量。

(五) 弘扬美德，营造环境

良好的社区敬老文化有利于推动养老服务的发展。潍坊街道有关部门通过多种方式改善老年人生活环境，同时弘扬孝亲敬老的传统美德，强化尊老敬老的道德建设，提高老年人居家养老的幸福指数。一是设立社区的孝亲敬老广场。潍坊街道将位于崂山路浦电路的承源广场改建成了老年人的休息场所，也可成为各种中小型敬老活动的开展场地，展示尊老爱老新风采，营造敬老氛围。二是加大宣传，倡导尊老敬老精神，维护老年人合法权益。通过积极宣传、定期联系、开展各种活动，潍坊街道鼓励老年人参加积极健康向上的社团组织、文体团队等。老龄工作相关部门每年都组织开展一系列尊老敬老活动，如十佳"爱心助老先进单位、助老志愿者、敬老好儿女、老有所为先进个人""孝亲敬老之星""孝亲敬老模范家庭""孝心进社区"评选活动等，营造尊老敬老氛围。同时，广泛宣传《中华人民共和国老年人权益保障法》《上海市老年人权益保障条例》，建立健全老年人法律援助网络，切实维护老年人合法权益。

二　极具活力的社会组织：养老服务的运作主体

社会福利社会化的趋势，就是改变政府单一提供社会服务的格局。养老服务事业应由政府主导，但并不是要政府大包大揽。政府应当充分调动社会组织、企业等社会力量参与社会服务。党的十七大报告强调了"党委领导、政府负责、社会协同、公众参与的社会管理格局"，并进一步指出要"健全基层社会管理体制，最大限度激发社会创造活力"。党的十八大报告又指出"加强社会建设，必须加快推进社会体制改革"，要形成"政社分开、权责明确、依法自治的现代社会组织体制"。可见，社会组织将成为社会治理体系中的重要社会力量。

当前意义上的"社会组织"是一个具有中国特色的词语。在我国，社会组织常常冠以民间组织、社会团体、中介组织、民间团体等名称。2006年10月党的十六届六中全会上明确提出"健全社会组织，增强服务社会功能"的思想。这表明官方正式使用社会组织这一概念。之后，党的十七大报告中明确提出要"重视社会组织建设和管理"，再次明确使用"社会组织"概念。目前社会组织概念逐步替代了"民间组织"等其他概念。

由于各国历史传统、文化背景、风俗习惯等不同，社会组织在不同的国家使用的名称也有所不同，如非营利组织、非政府组织、第三部门、免税部门、公民社会、志愿组织、慈善组织等。美国霍普金斯大学 NPO 研究中心萨拉蒙教授带领其研究团队，对全球 41 个国家和地区的非营利组织进行研究。他们提出非营利性组织就是具有组织性、非政府性、非营利性、自治性、志愿性等特点的非政治、非宗教性组织。上述名称各有侧重，但其本质属性相同，都是指相对独立于政府和企业之外的组织机构。

潍坊街道培育和引进了一批极具活力的为老服务社会组织，包括枢纽型社会组织①和规模不等的服务型社会组织等。这些社会组织通过不同的形式，与政府合作，整合社区资源，积极发挥服务输送员功能，为居民提供优质高效的养老服务和资源，为社会化养老事业的发展提供了组织保障。

（一）社会组织发展的空间建构

在计划经济时代，我国是一个总体性社会，国家高度控制和垄断一切资源，社会力量高度依附于或内嵌于国家。改革开放后，我国总体性体制逐步弱化，国家与社会的关系正在重塑，社会重建、培育公民社会成为重塑国家与社会关系的新议题，而公民社会的中坚力量就是形形色色的社会组织。党的十八大报告要求改进政府提供公共服务方式，强化社会组织在社会管理和服务中的职能。政府要改变过去统包统揽的方式，鼓励社会力量提供基本服务。这为社会组织参与发展开辟出广阔的市场空间。潍坊街道积极推进各部门转变政府职能，将可以由社会组织提供的服务或管理项目委托给社会组织，为社会组织提供了较大的发展空间。

早在 2004 年，潍坊街道根据新区要求，成立了潍坊街道老年协会，产生了潍坊街道最早的为老服务社会组织。与其他街道老年协会由民政科领导担任会长的方式不同，潍坊街道老年协会会长由民间社会精英自我推荐产生。因此，长期以来政府在某些空间的退场，让老年协会能通过独立运作，自我管理，自我服务，为会员老年人提供教育培训、权益维护、文体娱乐等服务项目。

2007 年，新区政府制定了《关于着力转变政府职能、建立新型政社合作关系的指导意见》，明确政府和社会组织的职能边界，政府职能的进

---

① 主要指在其他社会组织和政府之间发挥桥梁和中介作用的社会组织。

一步转变为社会组织腾出了发展空间。根据新区的政策指导，潍坊街道在社区建设过程中，通过不懈的努力和探索，形成一支充满活力的社会组织队伍，如社会组织服务中心、为老服务工作站、馨丰社区服务社、雨泽社区服务中心、伙伴聚家服务社、老年人日间服务中心等。

2008年，潍坊街道成立社会组织服务中心，为社会组织提供资源和服务。从此，潍坊街道的社会组织进入快速发展阶段，通过外源引进和本土培育，社会组织数量与规模得到不断拓展。截至2014年，潍坊街道的社会组织数量达85个，其中为老服务社会组织达25个。

由于我国培育社会组织的土壤先天不足，因此，政府要积极扶持社会组织的发展。潍坊街道从以下几个方面为社会组织发展建构制度空间。

1. 培育和引进并举，构建多层次、多元化的社会组织体系

一方面潍坊街道积极孵化，培育新社会组织。2008年潍坊街道成立了社会组织服务中心，并将其打造成枢纽型社会组织，成为社会组织的孵化中心。潍坊街道立足于问题导向和需求导向，通过动员社区资源，先后培育了雨泽社区服务中心、馨丰社区服务社等为老服务社会组织。

另一方面潍坊街道开放社会组织进入门槛，将养老服务的需求与社会组织的服务领域结合，寻找社会组织与社区工作的契合点，积极引入社区外社会声誉较高和服务能力较强的社会组织，为居民提供更优质、专业、多元的服务。如引进由英国学成归国的杨磊创建的上海伙伴聚家服务社来提供准专业的康复护理服务。

通过引进专业的社会组织和培育本土社会组织，潍坊街道已形成一支充满活力的社会力量。时任潍坊街道社会组织服务中心裘主任指出，引进的和培育的社会组织各有优势，各有劣势，通过引进和培育的方式，取长补短，从而推动街道社会组织队伍的整体发展。

根据不同的角度，形形色色的社会组织可被分成不同的类别。如根据民间组织和政府的关系，可将其分为官办、半官办和民办；根据社会组织的服务对象分为互益型和公益型；根据是否会员分为会员制和非会员制；根据业务范围分为慈善类、社区服务类等。无论哪种分类都应结合当地社会组织发展情况和研究需要。本研究根据生长方式将潍坊街道社会组织分为三类，即官办社会组织、政府培育的社会组织和草根社会组织。通过引进外部优秀社会组织和培育本土的社会组织，一方面能全方位满足社区养

老服务的多样化需求,另一方面也引入竞争机制,避免产生垄断而降低社会组织的服务质量。

2. 注重能力建设,建立培训制度

为了提高社会组织的整体素质和专业能力,潍坊街道注重培训和指导现有社会组织。定期开展潍坊社区社会组织沙龙活动暨社会组织能力培训,邀请有关专家对社会组织进行能力建设、公益招投标项目运作和管理等培训。另外,政府委托相关部门每年为社会组织参加规范化建设评估进行指导。2013年,潍坊社区有7家社会组织被评为3A级社会组织,数量位列全区第一。只有能力不断提升,社会组织才能拓展更广阔的发展空间。各社会组织无论在制度制定、组织管理还是在档案管理方面都非常规范、有序,尤其是在项目设计方面不仅迎合服务对象需求,又不乏新意。社会组织通过不断的培训和实践,能力得到较大提升。

3. 完善扶持政策,加大支持力度

2012年的《潍坊社区扶持社会组织发展的若干意见(试行)》提出,每年设立扶持社会组织专门资金,纳入街道全年财政预算,用于扶持各类社会组织发展;降低准入门槛,对于街道办事处担任业务主管单位或注册地和办公地在潍坊社区内的,街道一次性给予开办费补贴两万元;完善购买服务机制,鼓励社会组织积极参与政府购买服务;对入驻潍坊的公益性、支持型社会组织给予办公场所租金补贴,如在社区内租赁自用办公用房的,三年内给予房租50%的补贴费用;对公益性、支持型社会组织在潍坊社区开展服务项目的,免费提供流动性办公场所;对于各级评选出来的优秀社会组织给予奖励等。

2013年,潍坊街道为社会组织提供资助达15万元,用于社会组织的开办补助、人才公寓租金补贴、国家级或市级荣誉奖励等;街道出资公益资金116万元帮助10家社会组织在救助、为老、助残、环保、康复等领域开展公益项目。这些制度化的激励和奖励措施,为社会组织的发展营造了良好的发展动力,也是潍坊街道社会组织蓬勃发展的主要原因。

社会组织在我国还处于发展初期,尚离不开政府的大力支持。在实地调研中,潍坊街道许多社会组织表示潍坊街道对社会组织的发展是开放的和鼓励的,时任街道党工委书记李国弟、时任街道办事处主任蒋蕊等街道领导给予社会组织工作者较大的支持。

(二) 运作主体：社会组织在养老服务供给中的角色扮演

随着市场经济体制的确立，我国提出要建立"小政府、大社会"的管理模式，推动政府职能转变。在养老服务社会化方面，政府改变过去大包大揽的做法，把不该管和管不好的、无力提供的服务等交给社会组织实施，使其成为政府的合作伙伴。

社会组织具有独特的组织优势和专业优势，可以弥补政府和市场的缺陷，发挥着资源动员、社会服务、社会治理和政策倡导等功能[①]。在养老服务事业发展中，潍坊街道在坚持政府主导的原则下，尽可能地充分调动社会力量积极参与，通过培育和扶持社会组织，使其充分发挥各种功能，成为社区服务的运作主体。根据组织功能来分，我们可将潍坊街道为老服务的社会组织分为两类：枢纽型（支持型）社会组织和服务型社会组织。

在潍坊街道的养老服务事业中，政府、企业和社会组织之间良性互动，已形成三方合作机制，社会组织成为政府部门的好帮手，充当着政府与服务需求群体之间的枢纽和桥梁。社会组织一方面传递着服务政策和服务对象的诉求，一方面为不同需求和不同层次的利益群体提供多样化多层级的养老服务，并通过自我管理、自我服务的方式来落实政府的养老服务计划和行动。社会组织通过"政府购买服务"的形式大量承接了政府部门转移出来的养老服务职能，发挥主观能动性，承担了社区治理的责任。

1. 政府职能转移的承接者——枢纽型社会组织

2008年，北京市社会工作委员会发布了《关于加快推进社会组织改革与发展的意见》，首次在官方文件中出现了枢纽型社会组织。枢纽型社会组织，是指由负责社会建设的有关部门认定，在对同类别、同性质、同领域社会组织的发展、服务、管理工作中，在政治上发挥桥梁纽带作用、在业务上处于龙头地位、在管理上承担业务主管职能的联合性社会组织。[②]

潍坊街道社会组织服务中心就是一家枢纽型社会组织，在政府和社会

[①] 王名：《社会组织概论》，中国社会出版社2012年版，第21页。
[②] 彭善民：《枢纽型社会组织建设与社会自主管理创新》，《江苏行政学院学报》2012年第1期，第64—67页。

组织之间发挥桥梁、纽带作用。该组织成立于 2008 年 5 月，是浦东新区最早成立的两家社会组织培育机构之一。发展至今，潍坊社会组织服务中心多次被评为上海市先进社会组织。

社会组织服务中心主要发挥的职能包括服务社会组织即为社会组织提供登记、年检、代办换证手续、运营与政策咨询等服务，为社会组织提供咨询指导服务、开展公益项目服务，如提供调研社区需求并开发合适的公益项目、组织项目策划、实施与管理等，为社会组织之间的交流合作搭建平台，培育和引进优秀社会组织、监督管理社会组织承接的项目运作情况。时任社区服务中心陈主任介绍道："社会组织服务中心是宏观的协调、服务和管理机构，主要是引进一些涉老社会组织、青少年社会组织、助残社会组织等，与区里合作做一些项目，作为养老服务的一些补充。在这些方面政府没办法做而居民又有需求，一些提供由其专业化的服务。它有两个功能，一是培育，一是引入。引入一些专业的、有资质的社会组织来做，同时也自己培育，通过挖掘社区领袖来成立社会组织，指导他们怎么承接和实施项目。"[1]

潍坊街道社会组织服务中心每年组织"公益月活动"，组织各类社会组织为社区居民开展公益活动，并多次获得浦东新区社会组织公益活动月"最佳组织奖"。公益月活动为社区建设带来积极的影响，一方面，社区居民可以免费享受各种服务；另一方面，也为社会组织和居民搭建了一个沟通平台，使社区居民了解和认识更多社会组织，加大对社会组织的宣传，努力塑造潍坊街道社会组织公益活动品牌形象，并带动社区居民和社会力量参与公益事业。

总体上说，社会组织服务中心承担了过去政府承担的一些管理职能，对潍坊街道社会组织的整体规范性建设发挥了重要作用。社会组织服务中心在某种意义上是政府职能的延伸，代替政府对其他社会组织提供服务，进行管理。社会组织服务中心成为政府的好帮手，是社区公共服务的有力补充，能弥补政府缺位。社会组织服务中心的建立与发展，为政社合作和社社合作搭建互动平台，有利于推进政社分开和官办分离，有利于推进社会组织管理体制创新，从政府直接管理转变为社会自主管理，有利于提升

---

[1] 访谈记录：wf20140509。

社会组织能力。社会组织服务中心具有较强的资源整合能力，实现了组织间的资源共享和情感凝聚。

但是，通过观察不难发现，社会组织服务中心在运作过程中对政府有一定的依附关系。社会组织服务中心的经费来源主要来自政府相关部门的预算，其工作人员也要通过街道统一招聘。这种依附关系一方面能保证社会组织服务中心发展的资源供给，另一方面，也使社会组织服务中心丧失了部分独立性和自主性，不利于组织自治功能的实现。

2. 社区养老服务的输送员——服务型社会组织

随着社会结构分化和居民生活水平的提高，居民对养老服务的需求在内容、形式、层次等多方面呈现多元化，专业性的服务需求也快速增长。政府的公共服务能力已难以满足这些日益复杂的需求，而社会组织则能在满足多元化养老服务需求中发挥重要的作用。首先，社会组织具有较强的灵活性，能够对养老服务的需求迅速做出回应，在服务方式和手段上及时调整。其次，社会组织种类繁多，活动领域较为广泛，其直接面临社区"接地气"的优势能及时了解需求，并能有效整合社区资源，为社区居民提供真正需求的服务内容，实施精细化服务和专业化服务。

潍坊街道已初步形成了"居家养老服务为基础、社区服务为依托、机构养老为支撑"的养老服务体系，而这些多样化、多层次的广泛的养老服务大部分是由规模不等的社会组织来运作。潍坊街道的20多个社区服务社会组织通过不同的形式，与政府合作，通过整合社区资源，发挥服务输送员功能，为居民提供优质高效的养老服务和资源，满足社区居民对社区养老服务的需求。

在居家养老服务方面，潍坊街道主要由两家社会组织负责。其中，一个社会组织针对90岁以上的高龄老人提供服务，另一个社会组织针对失独家庭的老人和离退休的老人。

在社区养老服务方面，潍坊街道共建立了7家日间照料中心，分别委托3家社会组织进行管理，其中4个日托由"潍坊馨丰社区服务社"负责，2个由"上海伙伴聚家养老服务社"负责，1个由"手牵手生命关爱中心"负责。由公益性民间组织提供日托养老服务，既保证了公益服务的廉价特性，又满足了老人专业化、多样化的服务需求。

[案例一]
社区领袖的公益坚持——潍坊馨丰社区服务社

上海浦东新区潍坊馨丰社区服务社是潍坊街道社会组织服务中心培育的由社区领袖创办的一家为老服务社会组织。

该组织成立于2011年5月30日，主要为本社区老年人、青少年、残疾人提供服务，承接政府养老机构管理事项。潍坊馨丰社区服务社创始人李葛英是位社区领袖，曾经担任潍坊八村居委会书记兼主任。离任后，李葛英坚持做公益项目。发展之初，潍坊街道为李葛英提供了大力支持，将潍坊八村原本对外招商的场地收回，改造建立日托所，并交由李葛英运作。为了规范项目运作，在街道的指导下，李葛英成立了馨丰社区服务社。由于人手不够，李葛英将自己的女儿吸纳进来。馨丰社区服务社发展至今，服务范围从本街道拓展到其他街道，一共接管了5家日托所，分别位于潍坊街道的东南新村、潍坊三村、潍坊四村、潍坊八村，以及沪东街道的沪新社区，工作人员也由最初的母女搭档发展到目前的5名本科毕业的专业社工和2名全职护理人员，其小女儿和女婿也常常为组织提供无偿服务。

馨丰社区服务社的服务领域主要包括为老服务、青少年晚托服务和环保服务。馨丰社区服务社承接的5家老年人日间服务中心，为老年人提供健康理疗、助医、足浴、理发、特色课程、心理咨询、组织文艺活动和旅游活动等服务。同时，馨丰社区服务社针对社区内低保、困难、外来务工人员和双职工低学龄子女设立晚托、寒暑假托管服务，为学生提供课业辅导，开展特色课程等。馨丰社区服务社还开展环保服务，实施环保宣传活动、节能低碳宣传、垃圾分类等项目。

在社会组织服务中心的指导下，馨丰社区服务社建立了自己的管理制度和治理组织架构。馨丰社区服务社凭借其公益热情，协同社区志愿者，开展丰富多彩的公益活动，树立了组织品牌，其组织能力、管理水平、运行模式也得到了社会公众和街道领导的肯定和认可。

[案例二]
归国精英的创新发展——上海伙伴聚家养老服务社

上海伙伴聚家养老服务社是潍坊街道从社区外引进的社会组织。

该组织是由海外留学回国的大学生杨磊创立的一家为老服务社会组织，主要为60岁以上的居家养老老人，尤其是空巢、独居的高龄老人、失智、失能老人，提供专业化、多元化、人性化的服务，业务范围涉及社区养老服务、居家养老服务、业务技能培训以及其他个性化定制服务。

专业化技能和企业化管理是上海伙伴聚家养老服务社的最大特点。上海伙伴聚家养老服务社引进国外先进的科学管理和养老服务理念。它提出利用定点资源"30分钟内提供上门服务"，制订了"HEAR"聆听计划，为老年人提供健康服务（Health）、教育服务（Education）、生活照料（Assistant Living）和娱乐活动（Recreation），通过评估需求、制订计划、实施服务、服务跟踪和与老人家人沟通等一系列规范的服务流程。

该服务社的服务已辐射到浦东新区、黄浦区、徐汇区、闵行区等20多个街镇，服务老人达1万多个。其资金来源主要是政府、基金会和市场购买。该服务社与企业、其他社会组织、医疗机构等积极合作，拥有一支庞大的志愿者团队。2013年，伙伴聚家服务社累计招募400名志愿者。

目前，伙伴聚家服务社从最初的3人发展到150多名工作人员，获得上海市先进社会组织、潍坊社会组织公益周活动优秀组织、敬老模范单位、上海市青年五四奖章集体、4A级社会组织等20多项荣誉称号。

伙伴聚家服务社通过项目制的方式在潍坊街道开展了多个项目，提供生活照料、专业护理、文化娱乐等多元化服务。伙伴聚家服务社在潍坊街道负责管理2个日托所，为40名左右日托所老人提供生活照料、康复训练等服务和各种活动。2013年，伙伴聚家服务社开始开展聚乐惠项目，主要包括健康服务、教育活动、生活辅助服务和康乐活动。另外，伙伴聚家服务社还为潍坊社区居家老人提供上门护理和康复服务等。

伙伴聚家服务社以其专业的服务技术、以人为本的服务理念和创新的服务方式得到了服务对象的普遍认可，尤其是其在潍坊街道负责管理的日托所等服务点受到国家和地方领导的表扬。经过多年的扎根服务，上海伙伴聚家服务社已成为潍坊街道为老服务组织的一大品牌。

在潍坊街道，还有很多这样的优秀为老服务社会组织。潍坊雨泽社区服务中心在潍坊街道已是家喻户晓。该组织针对失独家庭开展了一系列活动，如"橄榄枝"活动，帮助失独老人走出家庭积极融入社区；开展"老年活动室"项目丰富了老年人的业余生活。潍坊街道老年协会是上海市浦东新区第一批成立的老年协会之一。会长及其他理事都有居委会工作经验，与社区居民和单位比较熟悉，具备较强的资源动员和活动组织能力。通过整合资源，该社会组织开展了"阳光沙龙""老伙伴计划"等活动，丰富了老年人的晚年生活，提升了老年人的幸福感。潍坊社区亚英调解工作室是一个以调解各种纠纷和矛盾为主的社会组织。虽然这个社会组织不是专门针对老年人服务，但是其较多的工作案例涉及老年人的权益保护，帮助老人维护自身权益，还通过与其他社会组织合作，举办各种讲座，提供老年人的权益保障意识，为促进社区和谐和社会稳定发挥了重要作用。

这些社会组织凭借其植根于社区的优势，容易获取社区居民的信任，通过与社区居民沟通能敏锐地捕捉社区服务需求并做出迅速反应和调整。社会组织充当服务输送员，为老年人提供生活照料、文体娱乐、健康康复、精神慰藉、权益保护等各类服务，满足了老年人对养老服务专业化和多元化的需求。同时社会组织也逐渐成为一股不可忽视的经济力量，如伙伴聚家服务社通过公益创业并带动就业，为社会带来经济效益。

（三）社会组织的运作机制

1. 以社会组织服务中心为平台，建立社会组织培育机制

正如前文所述，社会组织服务中心是一家枢纽型社会组织，发挥政府与社会组织之间的桥梁和枢纽作用，是政府的好帮手和社会组织的孵化器。社会组织服务中心通过政府购买服务方式进行委托管理，协助政府承担社会组织事务性工作，为本社区的社会组织发展和活动提供支持和服务，如政策咨询、注册指导和培训等。同时街道通过完善社会组织的相关支持政策，依托社会组织服务中心，加强培育本社区的社会组织。近几年来，社会组织服务中心已经培育了馨丰社区服务社、雨泽社区服务中心、

为老服务工作站等优秀社会组织。经过多年的发展，社会组织服务中心已成为社会组织孵化和发展的重要平台。

2. 以政府购买服务为形式，形成项目化运作机制

为鼓励和吸引各类民间组织和社会团体参与社区养老工作，社会组织以"项目制"形式承接新区有关部门和街道的养老服务项目，潍坊街道通过政府购买公共服务，委托社会组织运作养老服务项目。2014 年，有 2 家社会组织购买了潍坊街道居家养老服务的一些项目；采用政府购买服务的方式，将 7 个老年人日间服务中心分别委托给 3 家社会组织管理。在这些合作中，潍坊街道负责提供场所和硬件设施，承担水电煤、办公费用等日常开支，并以项目为载体，每年向社会组织支付 8 万—10 万元购买管理服务。项目的具体运作由项目的规模来决定。费用在 10 万元以下的由职能科室自主选择社会组织承接；10 万元以上的项目，原则上要通过招投标来选择社会组织承接。向社会组织购买服务项目的日常工作则由社会组织服务中心具体实施。

3. 以公益招标为契机，形成有序竞争机制

2009 年，上海市民政局开始启动社区公益服务项目招投标试点，福利彩票公益金由"拨"转"招"资助社区公益服务，以使福利彩票公益金的使用效率最大化。为提高政府购买服务的效用，潍坊街道早在 2011 年率先在浦东新区尝试采取公益项目的招投标制度，委托浦东新区公益组织项目合作促进会等专业机构对公益项目进行招投标，确定具体社会组织承接公益项目。潍坊街道公益性社会组织还通过参与项目招投标，竞标福利彩票公益金资助的方式来运作公益项目。如潍爱社区服务管理中心的"银发无忧"综合服务、上海伙伴聚家养老服务社的"聚乐惠"项目、潍坊雨泽社区服务中心开展的老年活动室服务项目等都属于该类运作模式。社会组织通过竞标的方式获取公益项目，形成了一种良好的公平、公开、公正的竞争氛围，也不断提高社会组织自身的能力。

（四）社会组织的发展困境

社会组织为推动潍坊街道的养老服务事业发展发挥了积极的影响，并成为社区治理的主要力量。但是，潍坊街道的社会组织在运作过程中也面临诸多困境。

首先是税负问题。世界各国为了推动社会组织发展，普遍都对社会组织给予一定优惠的税收减免政策。税收减免是政府对社会组织资助的一种间接方式。国际上对社会组织的税收优惠主要是依据非营利性和公益性原则，公益性社会组织往往可以享受最优惠的税收优待政策①。目前在我国，一些行政法规中涉及社会组织的免税政策，但尚无关于社会组织税收的专门法规。在潍坊街道为老服务社会组织涉及免税的税种主要包括营业税和所得税。根据我国《营业税暂行条例》规定，免征一些项目的营业税。因此社会组织的营业税可以免征，但是有条件的。只有做老人育养服务的才可以免，其他则不能免征。一位社区工作人员道出其中的苦衷："街道的财政资金，如果划到老年日间服务中心，算一次购买服务，虽然这个老年日间服务中心是街道成立的社会组织，但它不做具体服务，而是给另一个社会组织做，那么就要交两次税。"②

目前，我国对社会组织的管理还是停留在对企业的管理方式。社会组织因受利润非分配原则约束，组织利润不可在个人间分配。但社会组织需要结余一定的费用用于组织发展。根据相关税法，未获得免税资格的社会组织按企业的标准纳税。25%的企业所得税和5.56%的营业税对尚在发展中的社会组织是一个沉重的负担。这种高税率的征收方式会迫使社会组织耗尽资金，而政府的项目拨款却是按项目实施进度给付的，有时还会出现拖延付款的现象。因此，社会组织常常面临资金短缺的困境，制约着草根社会组织的发展。

其次是能力问题。与全国其他地方一样，潍坊街道社会组织总体上能力有待提高，专业能力不高，人员流动比较大。其主要原因还是组织的资金问题。很多社会组织的资金募集能力较弱，社会组织的资金主要来自街道财政资金。为减少成本，组织的成员都是退休的老年人。由于社会组织承担的项目少，资金来源有限，组织工作人员的待遇不高，很难吸引和留住优秀和专业人才。根据有关工作人员反映，政府在设计项目时只考虑项目的费用并没有考虑到项目运作所需的管理成本和人力成本。没有资金的保障，社会组织很难建立起一支优秀的工作和服务队伍。

---

① 王名：《社会组织概论》，中国社会出版社2012年版，第121页。
② 访谈记录：wf20140509。

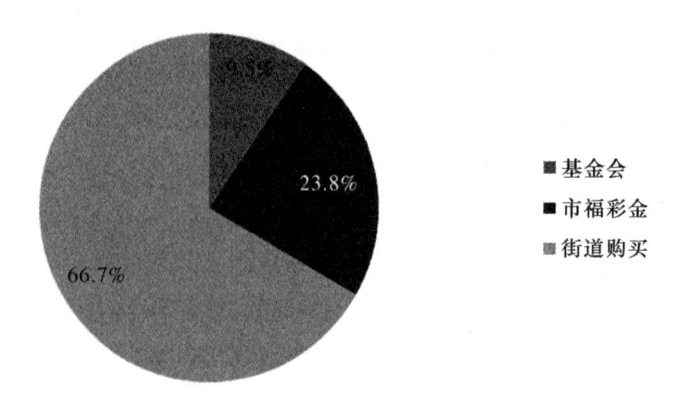

图3.3　2013年潍坊街道为老服务项目资金主要来源

（饼图数据：基金会 9.5%；市福彩金 23.8%；街道购买 66.7%）

因此，社会组织作为服务运作的主体，发挥了巨大的作用，但其面临的一些困境亟待政府和社会的支持。政府要加强调研，了解社会组织的实际需求，不断完善相关政策法规，并强化落实，为其营造一个良好的制度环境；社会要形成良好的公益文化，要加强对社会组织的认识和支持，增强对社会组织的信任和认同，以志愿的形式为社会组织提供人力和物资资源；同时社会组织自身要加强能力建设，尤其要提高资源整合和资金拓展能力。

三　富有责任感的爱心企业：养老服务的坚实后盾

养老服务事业是一项复杂的系统工程，涉及各个领域。在人口快速老龄化的情况下，养老服务供给的任务十分艰巨。仅仅依靠政府的力量是难以适应当前养老服务迅速扩张的形势，需要全社会的共同参与。而当代兴起的企业社会责任运动，使企业在追求经济利益的同时注重承担一定的社会责任。企业社会责任观的兴起推动企业与社会组织合作，实现经济利益和社会利益的双赢。政府也不断出台相关政策和措施，鼓励民间资本进入养老服务领域，打造一个政府、企业和社会互动合作的社会化养老模式。本节主要以由爱心企业资助的"潍坊老人互助关爱行动"项目为例来阐释企业作为社会力量参与养老服务的治理模式。

潍坊街道位于陆家嘴金融贸易区，辖区内企业云集。在社区内经营的企业达7000多家，社会资源非常丰富。潍坊街道的养老服务基础比较好，领导也十分重视。潍坊街道在养老服务领域的优势吸引了一批爱心企业深入参与养老服务。这些企业发挥社会责任，为潍坊街道的养老服务发展提供了强劲的支持，成为资源供给的坚实后盾。其中，由上海新沪商联合会发起的"新沪商—潍坊老人互助关爱行动"项目成为上海乃至全国推广的典范。

"新沪商—潍坊老人互助关爱行动"项目得到了浦东新区社会发展基金会和上海新沪商会等的资助，是社会力量对政府职能的有力补充，弥补了政府在为老服务上人力和财力方面的不足。

（一）企业社会责任：为老服务项目的原动力

随着经济与社会的发展，企业社会责任已成为企业现代化治理的内在要求。企业在追逐经济利益的同时，还应承担一定的社会责任，协同政府解决社会问题。投入公益事业成为企业承担社会责任的一种主要形式。

上海新沪商联合会是由沪上著名民营企业和商界巨子组成的社会团体组织，成立于2008年4月，会员包括复星集团、杉杉集团、鹏欣集团、证大集团、磐石基金等龙头企业和商业领袖。

该商会是一种互益性的会员制组织，主要为会员搭建交流平台，促进会员企业之间的沟通合作，实现优势互补、互利互赢。同时该商会具有强烈的公益意识，为帮助会员单位塑造良好的社会形象，组织和发动会员单位投入有影响力的慈善公益活动，参与慈善事业发展。商会的会员企业也热衷于参与各种公益活动。与以往单一性的企业慈善捐赠不同，新沪商联合会将慈善捐款与举办慈善活动相结合，不仅提供资金，还开发项目和参与项目实施。

在选择公益项目时，新沪商联合会成员非常慎重，尤其注重项目的可持续性、经费保障和资源整合问题。企业家往往具有习惯性的市场思维逻辑，认为公益项目应与社会需求结合。企业家在调研时观察到社会养老中精神赡养极为缺乏，因此便确定要通过整合就近的志愿者资源为高龄老人提供精神慰藉服务。

基于潍坊街道的养老服务事业有一定的基础和优势，新沪商联合会将该项目试点落在潍坊街道。新沪商联合会的秘书长回忆时说："当初选择潍坊街道有三个原因：一个是潍坊街道的社区工作比较好；二是潍坊街道是老社区，在老社区的老人精神赡养需求较高；三是街道重视老人问题，因为街道对社区熟悉，了解社区中老人的需求，哪些人可以做志愿者。"①

上海新沪商联合会、上海磐石基金和上海浦东社会发展基金会共同发起"人之老"社区老年互助关爱行动，并于2011年7月在潍坊街道推出"老年互助关爱行动"项目，采用"以低龄老人服务高龄老人"的方式，开展"邻里关照、老年互助"的社会公益服务，通过招募低龄老人作为义工，为社区中的孤老、独居老人、有特殊困难的纯老户以及"一老养一残"家庭提供陪聊、陪购、陪诊等"精神慰藉、急难相助"服务。

该项目随着试点的成功逐步开始在其他社区推广。从2011年试点开始截至2014年7月，该项目在潍坊、川沙镇、瑞金二路等街道74个社区，一共设置了63个义工站，招募了540多名义工，结对的老人有3068人，累积的志愿服务时间将近29万小时。老年互助关爱项目已产生良好的社会影响，得到社会各界的认可和学习，并受到市领导的高度评价。

（二）企业协同：项目的运作机制

在"潍坊社区老年互助关爱"项目的开展中，基本形成了"政府支持、社会协同、民非运作、公众参与"的运作格局，形成了"政府托底，企业资助，社会运行，居民参与"的服务生态链。政府、企业、社会组织和居民各种发挥了相应的职能，协同治理，推动养老服务的发展。

1. 企业投入资金

资金是项目运作的根本保证。社区老年互助关爱项目是上海新沪商联合会、磐石基金和上海浦东社会基金会联合资助的。

商会的资金来源主要是会费，但仅仅依靠会费来做项目是远远不够的。上海新沪商联合会成立了大商学院，开展非学历教育活动，通过集聚一些上海知名的企业家带动中小企业学习的师徒制、慈善晚会等活动，鼓励企业家捐赠。项目产生的良好社会效应也吸引了更多爱心企业参与公益活动。在一次慈善晚会通过拍卖就筹集了247万元，有一位企业家入会时

---

① 访谈记录：wf20140708。

了解该项目后就捐了 160 万元。项目开展以来，上海新沪商联合会已经募集了 800 多万元。其用募集的资金，设立义工发展基金，根据"定向资助、专业管理"原则，长期资助义工为高龄老人提供服务。根据计算，目前项目资助的标准是每年每位义工平均投入 4100 元。发展至今，对该项目累计投入 600 多万元，在潍坊街道的资助每年就达约 100 万元。

企业家的爱心赞助是项目持续发展的动力。另外企业家用企业的思维来管理项目，平衡收入和产出，提高了项目运作的效率。因此，项目聚集了一批爱心企业家，负责人对项目未来开展的资金来源充满了信心。

2. 社会组织负责运作

为推进该项目的开展，潍坊街道设立了"新沪商社区义工潍坊街道助老服务站"，负责项目具体实施和日常运作。助老服务站的本质也是一个社会组织，其旨在建设一支专门从事助老服务的社区义工队伍，为"邻里关照、老年互助"社会公益服务提供持久人力资源。助老服务总站在各试点小区设立义工分站，形成街道助老服务总站和小区义工分站二级服务站的义工组织管理体制。在项目小组指导下，服务总站通过规范引导、激励制度、培训交流等多项企业管理手段，使义工的管理和服务日益凸显专业化。

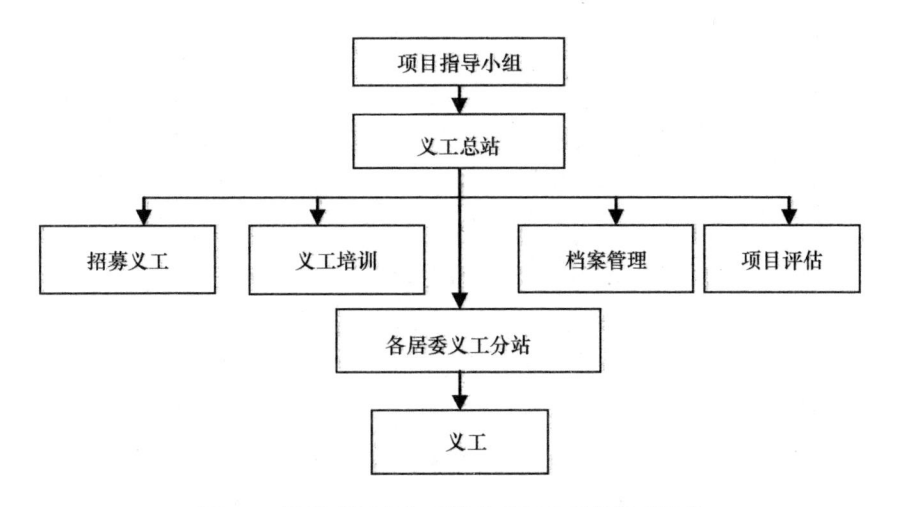

图 3.4 潍坊社区老年互助关爱行动项目组织架构

新沪商社区义工潍坊街道助老服务站主要发挥协调、动员和整合功能，负责管理志愿者队伍。立足于社区居家养老的发展现状和需求，根据项目"以老助老"理念，助老服务站提出"今日的老人，明天的我"口号，由各分站根据就近原则动员社区里退休的低龄老人成为义工志愿者，为四类老人提供上门陪聊、急难相助、陪同就医三方面的服务。

助老服务站除了负责招募义工，还要对义工进行岗前培训，指导义工熟悉服务流程，并设立意见反馈系统。为激励志愿者，为老服务站组织义工举办各种活动以丰富义工生活，促进义工开心服务。助老服务站利用其组织优势，能有效开发、整合社区内部和外部资源，合理、科学地利用和分配资源，对项目的进展能及时进行协调和监督。

3. 志愿者提供服务

老年互助关爱项目的一大亮点就是利用退休的低龄老人为高龄老人服务。低龄老人志愿者是具体的操作者和服务者。1名义工结对5位老人，根据服务流程，要做到"一周一探，两周一聊""急难相助，精神慰藉"，并为每位老人建立服务信息卡，实行"一人一卡"制度。义工提供的服务包括一般探访、陪聊交流、陪医、日常代购等15项内容，每月服

图 3.5　义工带老人踏青

务 15—20 小时。志愿者凭借自己的爱心和热情为结对老人提供及时的服务。

到 2014 年年底，除两个涉外的小区外，潍坊街道已有 25 个居委会开展了老年人互助关爱行动，共发展老年志愿者 233 位，为 1400 多名高龄老人提供服务累计达 25.8 万人次，累计服务时间近 14 万小时。

4. 政府与企业协同治理

在项目的开展中，企业与政府协作推动项目开展。其中，企业是主要推动力，其不仅捐赠资金，还制定了具体的资金使用方案和服务流程，专门委派秘书长担任项目经理负责项目实施、监督与协调。街道民政部门负责项目的整体推进，并负责项目指导和评估。政府开发项目需求，通过摸底登记和统计，提供服务对象的信息和名单，协助企业获得必要的资源。

（三）多方共赢：项目的社会成效

自 2011 年项目试点以来，项目得到政府、企业和民众的较大关注。通过汇集多方资源，建构社区为老志愿服务网络，有效整合社区资源，为老年人提供多样化、多元化养老服务，完善养老服务体系，推动社区居家养老服务的发展。

1. 满足社区老人的实际需求

随着人口老龄化程度不断增加，空巢老人也越来越多。这些空巢老人由于长期没有亲人探望，缺乏交流，容易产生精神孤独、心理郁闷等影响身体健康的问题，生活中也会常常出现困难。自从老年互助关爱项目开展以来，形成了一个"总站—分站—义工"的组织架构，并建立社区低龄老人结对高龄独居老人的互助网络。潍坊街道的独居老人能不时得到关爱员的探望，寂寞时有人陪聊，生病时有人陪医，购物时有人陪购，急难时有人帮助，生活质量和幸福指数明显提高。项目的实施切实解决了老年人精神孤寂、生活照料困难等难题。不少搬离社区的老人因为有一支这样的服务队伍而纷纷搬回社区。

2. 形成良好的尊老、敬老、爱老社会氛围

老年人互助关爱项目的开展释放了较大的正能量，对家庭和社会都有积极的影响。义工们通过践行志愿者的公益精神，传递传统美德，传播文明，改变社区居民的传统观念，社区的邻里关系变得更为融洽，老年人周

边的子女等家属和邻居都加大了对老人的关心，使整个社区的社会资本得到提升。

[案例三]

潍坊三村有一独居老人因患病需要就医陪护，其子女居住在外区不方便，又没时间陪护老人就医。与该老人结对的新沪商义工马扣阳在上门探访得知老人的困难后，连续两天陪老人就医。同时，义工与其子女进行沟通。最后，老人的子女被义工的行为和精神深深感动，纷纷表示一定会多抽时间来关照老人，尽做子女的责任[①]。

义工的志愿精神不仅感染了老人的亲属，也激励更多的人投入公益事业，凝聚了各种社会资源，在整个社区营造一种尊老、敬老、爱老的良好社会氛围。

3. 创新服务模式

通过该项目的开展，建立了政府主导、社会组织运作、企业资助三方合作互动的公共服务提供机制，具有较强的创新意义。

上海新沪商联合会、磐石资本和浦东新区社会发展基金会合作供给的资金赞助是老年福利服务的有力补充。企业是该养老服务项目开展的强劲后盾，是项目资源的坚实后盾，为养老服务社会化提供了重要的经济保障。同时，企业通过项目平台增强了社会性，履行了企业应该承担的社会责任。这一"定向资助、专业管理"的模式让企业家能用自己的慈善资金办慈善事业，对其他企业承担社会责任具有较强的示范作用，也为企业履行社会责任搭建一个平台，会吸引更多的企业参与公益慈善事业。

社会组织为老服务工作站是该项目的运作主体。充分发挥社会组织的组织性、公益性和专业性优势，整合社区内外资源，联合企业，协同政府完善社区养老服务体系，形成一个有效的社会协同治理模式，具有可复制性。

政府在项目开展过程中充分发挥主导作用，为项目的推进予以协调和

---

① 案例根据街道提供的资料整理：《指导社会协同引导公众参与》，《上海街镇》2012年第7期。

支持，并配置项目运作的相关管理人员，对项目的进展进行监督以保证项目的质量。

"政府统筹指导、企业基金资助、社会组织运作、社区义工服务"的项目运作模式是一种公益创举，取得了较好的社会反响。正如时任街道党工委书记李国弟所说："这个项目体现了企业'心意'，义工'乐意'，带来了老人'满意'。"

潍坊街道拥有较多的企业资源，除了新沪商联合会的成员企业外，还有很多企业参与公益事业。一方面，企业为街道的公益事业提供资金支持。如在2015年的公益联合捐上，潍坊街道共募集126万余元善款，而参与的驻区爱心企业由2012年的30家增加到113家。另一方面，企业为街道的公益事业提供物质和人力支持。

[案例四]

上海瑞吉红塔大酒店是潍坊街道敬老院的长期合作伙伴之一。2003年4月，该酒店与潍坊街道敬老院结成共建伙伴。十几年以来，该酒店坚持每月为敬老院当月生日的老人送上蛋糕，组织员工到敬老院慰问老人并表演节目。另外每年敬老节、中秋节时，酒店还邀请老人代表到酒店参观和共进晚餐，为敬老院老人送上社会关怀。

在潍坊街道，类似的企业参与公益事业的案例不胜枚举。爱心企业的积极参与为潍坊街道为老服务项目的持续发展注入了活力。

四 热情参与的社区居民：以老助老的行动者

为老服务人员的供需矛盾成为当前各地发展养老服务事业的主要困境之一。护理人员地位低的陈旧观念、薪资待遇偏低、晋升和激励机制不完善等因素，制约着养老服务人才队伍的建设与稳定。因此，在政府资金有限的情况下，引入一支能以较低成本提供优质服务的社会志愿力量作为养老服务人员的补充显得尤为必要。而西方国家在福利社会化过程中也涌现出了众多志愿者组织。志愿服务所产生的突出社会效应也越来越得到政府和社会的重视。

志愿者是指在不为任何物质报酬的情况下,能够主动承担社会责任而不计报酬奉献个人的时间及精神的人。我国志愿者组织的发展起步较晚。但是在汶川大地震和北京奥运会两个事件中,志愿者发挥了巨大的作用,引起了全国乃至世界人民的关注,这为我国志愿服务工作和志愿管理工作开辟了一个新时代。

从不同的角度来划分,志愿者也可分为不同类型。按年龄来划分,志愿者队伍中有小学生志愿者、中学生志愿者、社会志愿者和老年人志愿者。老年人是潜在的志愿服务资源,是重要的人力资本。老年人根据年龄可分为高龄老人、中龄老人和低龄老人。低龄老人是指60—69岁的老年人。这部分老年人往往是刚从岗位上退休的老年人,身体比较健康,也有一定的时间和精力,而且有退休金作为生活的经济保障,有一定的经济自主能力。低龄老人成为志愿者,能为高龄老人提供更好的服务,因为低龄老人能更好地与高龄老人沟通,能更好地理解高龄老人的实际想法和需求。

潍坊街道就活跃着一批这样的低龄志愿者。潍坊街道通过开展"老年互助关爱行动"项目,建立了一支为社区孤老、独老等"四老"家庭排忧解难、真情奉献的常态化社区助老志愿者队伍。由于街道领导和相关负责人都称他们"义工"或"关爱员",所以本研究在下文中将主要采用"义工"一词来指代这些志愿者。

(一) 义工行动的特点

1. 反应迅速

为老助老的义工是按照"就近原则"为本小区的老人服务的。多数义工和自己的服务对象住在同一个楼道或邻近楼道。这种结对原则能方便义工对服务对象进行日常的关照,一旦服务对象有急难事情或其他服务需求,义工能迅速提供相应的帮助和服务,及时解决问题,大大提高了服务效率,而且这种反应迅速的服务方式有效降低了社区老人的风险。

[案例五]

义工袁华萍2月23日傍晚,在上门看望90多岁的老人陈新凤时,发现老人身体不适。虽然老人表示没有大碍,但袁华萍仍不放心，打电话告知了老人子女这一情况。到了第二天早上，牵挂老人的她再次上门探望，此时的老人已经只有微弱的回应声，无法动弹了。袁华萍马上通知老人的子女前来开门，并在门外不停地呼叫着老人，安慰老人，直到子女到来开了门一同将老人送往医院。此时老人已经十分危险，医生说：如果再晚半个小时就来不及了。

事后，老人与家属都十分感谢义工袁华萍，如果不是她的及时出现，后果将不堪设想。正是义工对独居老人的时时关心与关注，才又一次避免了类似意外的发生，让独居老人们能有个安居、幸福的晚年①。

2. 行动灵活

根据"老年互助关爱行动"项目小组规定，义工主要提供以"一周一探、两周一聊、急难相助，精神慰藉"为内容的志愿服务，明确规定了服务时间一个月不低于15小时。但执行服务的形式比较灵活。聊天的形式可以是面谈也可以是电话，义工可以到服务对象家里探望，也可以根据服务对象的安排在公园或其他活动场所探望。服务对象有需求时便可联系其结对的义工。这种灵活的方式一方面结合了服务对象的实际需求，另一方面也给予志愿者一定的自由，促进志愿者开心服务。一位义工说："我们探望并不止一周一趟，我上下楼梯，出门之前我要去看他一下。我按个门铃，他在或者不在，我很快就知道。"

3. 资源整合

潍坊街道的助老义工队伍汇集了各领域的人才，有退休后的医生、教师、画家、产业工人等。现在仍有十几位退休干部承担副站长的职能，协助各分站长开展为老服务。这样一个专业特长、工作背景多元化组成的义工团队通过协作，可以取长补短，互通有无，共同提高服务的效率和质量。潍坊街道25个义工分站的站长均为居委会的积极分子或者志愿者领袖。2012年，240名左右的义工中，有37位义工具有本科学历，22位有大专学历。党员同志在义工队伍中也发挥了先锋和示范作用。这支义工队伍共有47名党员，有的分队中党员比例非常高，如泉东一分站的8个义

---

① 新沪商提供的案例资料。

工中就有 4 个是党员。

（二）义工志愿行动的模式构建

1. 义工行动的核心价值与基础：志愿精神

义工们的服务背后蕴含了强烈的志愿精神，体现"奉献、友爱、互助、进步"的价值意蕴，能增进社会信任，提高社会资本，促进社会和谐。志愿精神是公民社会和公民社会组织的精髓，是一种公民精神，更是一种看不见的和谐。①

首先，志愿精神在于自愿。自愿具有自觉和愿意的含义。自愿意味着主动、积极参与，承担责任，能发挥能动性，不受外力强制或迫使，体现个人意志和自由选择权。潍坊街道老年互助关爱项目的义工们大都是自己主动报名申请参加义工队伍，自愿为高龄老年人服务。正如一位义工在访谈过程中一再强调："纯粹因为自己愿意做这项工作。"基于主体的自愿自觉，义工们在目前监督机制尚不完善的情况凭着自己的热情服务，保质保量完成工作，大部分义工的服务时间远远超过规定的工作时间，有多名老人的服务时间已超过 1000 小时。甚至由于义工的主动和积极，服务比较频繁，结对的老人对义工产生了较强的感情依赖。

其次，志愿精神核心为奉献与责任。社会学家韦伯认为行动的个人赋予其主观意义的人类的一切行为都是行动，并将行动分为四类：工具理性行动、价值理性行动、情感行动和传统行动。其中价值理性行动取决于对某种包含在特定行为方式中的无条件的内在价值的自觉信仰。② 联合国秘书长科菲·安南曾指出："志愿精神的核心是服务、团结的理想和共同使这个世界变得更加美好的信念。"这种信念也常常表现为志愿者强烈的社会使命感和社会责任感。基于一定社会责任意识上产生对社会奉献的行为就形成了志愿行动。义工志愿服务行动的意义不在于未来获得什么成就，而是即时的奉献。

"我们当义工，当然应该是以奉献为主。"这是在潍坊街道的调研过程中反复听到的话语。这种只讲奉献、不求回报的典型人物数不胜数。奉

---

① 丁元竹：《志愿精神是公民社会的精髓》，《人民论坛》2008 年第 15 期，第 34—35 页。
② 韦伯：《经济与社会》第 1 卷，上海世纪出版集团 2005 年版，第 114 页。

献精神与责任感成为他们长期坚持行动的最大驱动力。

[案例六]

潍坊十村（二）义工分站站长阮老师是一名充满活力和具有丰富志愿服务经验的为老助老义工。阮老师已经68岁。他于1966年高中毕业，1968年下乡到黑龙江生产建设兵团。1978年年底，阮老师返回上海。这一段特殊经历使阮老师具有特别强的集体主义观。2006年退休以后，阮老师就扎根社区，成为社区一名活跃的志愿者。由于阮老师的志愿服务表现非常优秀，他获得了各种荣誉，包括世博会的百名杰出志愿者、上海市平安世博家庭、浦东新区十佳志愿者、潍坊街道十佳志愿者等。在谈起志愿者工作的动力时，阮老师是这么说的："当时我们参加到这个队伍里面来，本来就没有讲过什么任何报酬，我们是以奉献为主，以建设我们和谐小区为主。我现在服务的老人就是明天的我。现在我要服务我现在结对的老人也好，还是我们小区的其他老人也好，我要全身心投入。从我们义工的身上能够体现出一种精神，能够体现出我们中华传统美德，希望我们的子女，我们后来的人也能够像我们这样坚持下去。我太愿意做这件事了。"①

2. 义工招募机制

义工站的发展离不开街道办事处和各居委会的重视。街道助老义工总站负责招募义工，并由街道各小区的居委会具体实施，招募对象以刚退休和低龄的老年人为主。居委会一般采用海报形式公告招募通知，张贴在小区里的公告栏等地方进行宣传。有意愿做义工的社区居民填写申请表自觉报名。分站站长由居民推选或由居委确定，大多是由热心社会活动的积极人士或退下来的居委干部担任，如泉东一分站副站长曾从事了十年民政工作，对社区的民政事务非常熟悉。分站站长对本小区的热心人、参与社会活动比较积极的老人和志愿者也都比较熟悉，能够根据居委会提供的老年人信息，及时调整义工队伍的结构，增加或减少义工。

---

① 访谈记录：wf20140513。

3. 义工队伍的组织化和制度化

潍坊街道的助老义工最主要的特色在于其组织化和制度化。为了提高志愿者的服务技能从而更好满足老年人的实际需求，新沪商联合会制定了服务流程和服务指南，并组织一系列培训活动予以指导。

第一，构建了一个垂直的层级管理体制。街道设立了为老服务工作总站，25个居委分别各自设立义工分站，分别有5个块长负责，各分站设立分站站长。总站主要职责在于发现问题，解决问题，总结经验和教训，负责开发创新项目。各分站站长通过上情下达和下情上传，在总站和各义工之间发挥协调和沟通的桥梁作用，管理本分站的义工工作。

第二，建立信息记录和汇总表制度。每位义工持有两本服务信息本，记录每位老人的服务内容、时间、方式等信息，每月底上报，由站长归档，进行档案管理。

第三，定期的信息沟通机制。每个季度，总站召集各分站站长聚集在一起开一次例会，听取新沪商助老项目的建议和政策以及本街道领导对为老服务工作方面的指示和意见，分站站长再及时将相关信息下传到各个居委义工分站。各分站每月召开义工会议，汇报各种情况，反馈服务中出现的问题，相互分享意见和经验，并制订下个月的工作计划。

第四，明确的激励机制。志愿者追求的奉献和责任，但也需要一定的精神激励。为激发志愿者的志愿精神，新沪商联合会要求对志愿者队伍加强团队建设，通过奖励优秀的义工站、组织旅游活动和体检等措施提高志愿者的积极性。当义工每服务100小时、500小时、1000小时都会授予纪念章以示奖励。另外每年推选"优秀义工站"和"优秀义工"，通过举行一些娱乐休闲活动等对工作表现突出的义工站和义工个人进行奖励。

（三）老年志愿行动的价值体现与发展困惑

老年志愿者在不谋求物质回报的情况下，贡献自己的时间、精力和精神为社区独居等老人提供精神慰藉服务，对推进社区精神文明建设、实现个人价值和培育公民社会都有积极的价值和意义。

1. 体现文化价值，促进和谐文明

志愿服务是现代社会文明进步的重要标志。低龄老年义工通过辛勤的工作为高龄老年人提供"精神慰藉、急难相助",满足了独居老人的实际需求,提高了高龄老年人的生活质量及其家庭的幸福感。低龄老人在服务他人的同时,也在传播文明,传播"无私奉献、友爱互助、共同进步"的精神,继承和发扬了中国的传统美德,推进了社区志愿者文化建设。

2. 实现个人价值,推进积极老龄化

为应对21世纪人口老龄化问题,2002年4月,马德里世界老龄大会上提出"积极老龄化"的老龄发展战略。"积极老龄化"的含义包括健康、参与和保障。以"小老服务老老"的方式充分发挥低龄老年人的作用,为老年人发挥余热提供了一个展示平台,体现了我国老有所为的政策设计。低龄老年义工在志愿服务过程中通过自我管理、自我锻炼,不仅丰富了个人经验,还得到了社会认可,彰显了老年志愿者的个人价值。这种参与模式有利于退休老年人的再社会化,使他们更好地融入社会,成功地体现了积极老龄化的战略思想。

3. 引导公众参与,培育公民社会

志愿行为体现的是一种公民意识。公民意识是公民个人对自己在国家中地位的自我认识,是把国家主人的责任感、使命感、权利义务融入自我的一种心理认知[①]。公民意识主要体现为参与意识、责任意识、监督意识、自主、理性等。义工的服务行为在推动社区养老服务发展的同时,其示范作用也影响着更多的社区居民,增强了社区居民的参与意识和积极性。不少受助老人主动转化为助老者,自发自愿做一些力所能及的事情去帮助他人。

[案例七]

潍坊十村2居委的一位阿婆,已经80多岁了。前些年,家庭的一些变故使阿婆精神上备受打击,甚至萌生了自杀的念头。根据她的情况,街道将其纳为关爱对象。其结对的义工金发元经常上门看望阿婆,陪她聊天,安抚她的情绪,并在日常生活中帮助其解决各种困难。在义工的帮助下,阿婆的心情变得开朗,能主动参与社区活动,

---

① 孙华玉、宋富华:《强化公民意识:促进公民有序政治参与的重要条件》,《学术交流》2009年第10期。

最后还成为小区的志愿者。①

这种志愿服务行为释放的正能量引导更多社区居民参与社区服务，营造了一个互助友爱的社区环境，增加居民间信任，增强公民意识，促进公民社会的培育。

然而，我国志愿者管理体制还很不完善，义工的志愿行动在彰显其社会价值的同时，也面临着一些担忧和困惑。

一是义工的身体状况。由于义工本身也是老年人，随着年龄的增长，或多或少会有些身体健康问题，这对义工本人和服务质量是个不可忽视的问题。

二是义工的文化程度。根据项目的相关规定，义工要对服务内容和过程进行记录。文化程度的高低对老年志愿者记录服务会产生影响，同时在日常工作中，文化程度低会影响义工的独立思考能力以及与服务对象的沟通能力。通过培训和交流，提高义工的工作能力和综合素质应成为义工站着重考虑的问题。

三是义工队伍的可持续性。考虑到老年义工的年龄和工作的要求，项目最新设定了义工的年龄限制，男义工为70岁，女义工65岁。项目开展了近四年，第一批老年义工中越来越多的义工即将达到退出年龄。因此开发新的义工资源迫在眉睫。不少义工站呼吁要建立义工储备机制以及时补充志愿服务的社会力量。

四是义工的激励机制。尽管助老项目领导小组设立了一些激励措施来推动义工的工作，但是缺乏更高层面的激励机制。市级政府应将这批低龄老年义工纳入市级志愿者管理体系，设计有效制度将街道层面的志愿者管理与市级层面的管理体制衔接。如在国家或市级层面建立时间银行制度，让义工积累的服务时间可以用来兑换一定的服务；市级志愿者协会为其提供统一的志愿服装和标志，增加社会对义工的认知和认可；为志愿者提供一些商品优惠活动等。通过这些措施能增加志愿者的荣誉感、价值感和社会认同感，从而吸引更多志愿者人力资源。

---

① 根据街道提供的材料整理：《指导社会协同引导公众参与》，《上海街镇》2012 年第 7 期。

作为低龄老年人的社区志愿者通过有组织的服务活动、规范的服务方式、积极的服务心态积极参与社区的为老服务活动，为高龄老年人提供"精神慰藉、急难相助"服务，这些志愿者不仅化解了高龄老年人的心理问题，也实现了自我价值。

这些低龄老人俨然已构建成为老服务的一支重要力量，但在潍坊街道还活跃着一批年轻志愿者，他们同样用实际行动改善老年人的生活环境。

[案例八]

2014年5月，上海纽约大学的50名中外学生志愿者举行"为爱出发"慈善暴走活动，开展慈善募捐、向市民宣传有关阿尔茨海默症知识宣传等活动。他们的奉献精神感染了众多市民，也激励更多的市民关心阿尔茨海默症老人。

2015年8月，上海金融工会联合陆家嘴CBD妇女理事会，在区妇联的支持下，举办了一场"1+1"俱乐部牵手潍坊街道敬老院老人的交友联谊活动。来自银行、证券、保险等金融机构的30多位单身男女青年抽签组成临时家庭，牵手敬老院的老人，陪老人聊天、读报、下棋，帮老人按摩、梳头、剪指甲。交友活动不仅让老人回归到

图3.6 单身青年男女牵手敬老院老人的活动

家庭的幸福，也为单身男女青年提供了交流的平台，增进感情，同时促进更多志愿者关心养老事业。①

尊老敬老爱老、赡养老人自古以来就是我们中华民族的传统美德。在当前养老服务资源不足的情况下，志愿者是有力的资源补充。社区居民和驻区单位的志愿参与是养老服务社会化的重要实现路径。热情参与的社区居民是志愿精神的践行者，默默践行邻里互助、爱心奉献的志愿精神，增强了社区凝聚力和归属感，有利于培育社会资本和促进公民社会的发育与生长。

五 小结

"老吾老以及人之老，幼吾幼以及人之幼。"推动养老服务发展是全社会的责任。潍坊街道通过不懈的努力和探索已形成以"政府主导、社会参与、企业协同"的养老服务社会化运作格局，建立了一个政府、企业、社会组织和社区居民各司其职、各负其责的多方合作的共赢局面。在这种多中心共治的养老服务运作格局中，政府扮演统筹者和引导者，社会组织担当具体的服务生产者，企业则协同政府和社会组织提供坚强的资源支持，而广大公民志愿参与服务成为服务的递送者，形成了一个相互联结的为老服务网络。由此可见，多元参与、协同治理是潍坊街道养老服务事业得以高效发展的源泉和动力，是推行养老服务社会化的内在逻辑。

《中国创新报告2014》将2014年视为"国家治理现代化元年"，这意味着一系列的治理变革即将开启。《2015年政府工作报告》也指出政府应加强自身建设，促进国家治理现代化。政府应坚持创新管理，强化服务，提高效能，第三方可提供的服务尽可能交给社会去做。因此，多元参与的社会化养老模式将仍然是未来各地养老服务发展的基本战略。潍坊街道建立的"政府主导、社会参与、企业协同"社会化养老模式实践经验对其他地区推动养老服务事业发展具有较大的借鉴意义。

但是正如前文提到，潍坊街道的社会化养老模式也面临着一些困惑，

---

① 徐冈林、黄静：《牵手老人，结对寻爱》，《浦东时报》2015年8月27日。

如社会组织的能力发展问题、志愿者的可持续发展问题等。基于这些问题，潍坊街道应从以下几个方面采取措施。

（一）完善配套机制，推动社会组织能力提升

社会组织在反映公众诉求、提供公共服务、参与社区建设等方面有着积极的作用，而社会组织的价值展示也主要取决于社会组织的能力。社会组织的能力一般包括组织管理、资源筹集、活动开展等能力。潍坊街道的社会组织尽管在养老服务供给方面发挥重要的作用，但是在项目运作中，还是显露出能力不足和专业性不强的问题。其主要原因是组织资金不足和专业社工匮乏。因此今后，潍坊街道应从两方面提高社会组织的独立自治能力和创新能力。

首先，提高社会组织的资金筹集能力。社会组织的资金来源多样化能提高自身的自治性，减少对政府的依赖性。在整个街道营造良好的慈善文化，鼓励个人和企业向社会组织捐赠，以"公益联合捐"为平台，吸纳更多的社会资本并按一定比例将捐赠资金用于资助社会组织养老服务。其次，要培育和引进专业社工人才。专业性和灵活性是社会组织的两大特点，因此服务类社会组织的发展离不开专业的社工人才。目前，我国社工人才的发展环境有所改善，但仍需要更具可操作性的措施。潍坊街道应以潍坊街道社会组织服务中心为平台，完善社会组织的人才管理机制，建立配套的社工职业化培训体系、晋升机制和其他的激励机制等，加强对专业社工的培养，加大社会宣传提高社会对社工的认同，进而提升社会组织的服务能力。最后，要完善社会组织间的交流机制。加强社会组织间的交流和现场观摩，促进社会组织间的相互学习和相互监督，发挥品牌社会组织的引导和模范功能。

（二）强化政府宏观协调作用，完善养老服务体系

近几年来，潍坊街道重视养老事业的投入和发展，社区老年居民享受的服务数量和质量都有较大的提升，尤其是低保老人、独居老人、高龄老人等特殊老年群体享受多样化的服务。然而养老服务的发展不能止于满足特殊群体的服务需求。上海提出"9073"的养老服务体系格局，要满足90%的老人居家接受服务的需求，这与国际上提倡原居养老的理念是一致的。随着老年人口的日益增加，养老服务的需求急剧扩张，尤其是老年居民中60岁至80岁之间的非特殊老年群体的服务需求更加立体化、多元化和复杂化，需求规模也最大。这一群体应当加以重视和关注。潍坊街道在发展养老服务方面应拓展居家养老服务范围，广泛覆盖社区老年群体，通过社会化和市场化双重方式针对不同年龄层级和不同需求层级的老年居民提供多层级的服务。

另外，潍坊街道应加强调研，通过信息化技术，提升爱照护系统，整合资源，避免服务过度和重复。因此，要提高街道办事处的治理能力，尤其是要注重项目管理、沟通协调和风险控制等能力。

（三）创新公益参与机制，促进企业和社会组织常态化合作

潍坊街道的养老服务已形成了"政府主导、社会参与、企业协同"的三方良性互动的运作模式。潍坊街道的企业资源丰富，但是企业参与形式多为捐赠物资的形式。根据发达国家的经验，企业参与公益事业的方式不仅是提供资金还可以通过参与具体公益项目的开发、设计和管理，提供管理技术等资源。企业与社会组织的深入合作有利于企业的品牌塑造和形象提升，同时有利于社会组织学习企业管理技巧和经济理性理念从而提高项目运作的效率和管理能力。潍坊街道应创新公益事业参与机制，鼓励和倡导更多的企业或组织除了捐赠物资外更深入地参与公益事业，促进企业与社会组织的常态化合作。

（四）开发潜在资源，推动志愿服务可持续发展

公益事业的发展需要源源不断的志愿者资源。潍坊街道的养老服务主要是由社会组织提供，而社会组织具有志愿性特点。如何挖掘和开发志愿者资源已成为潍坊街道当前推进养老服务发展面临的主要问题。潍坊街道的企业较多，受过高等教育的年轻白领阶层将成为志愿者资源的主要来源之一。而且潍坊街道有着良好的公益文化和敬老文化，在开发志愿者资源方面有着明显的优势。一方面，潍坊街道应建立一个公益参与的长效机制，让企业白领和社区居民能迅速了解和参与公益事业。另一方面，要完善激励机制，提高志愿者参与公益事业的动力。如与区级、市级的志愿者管理体制接轨，尽快建立"时间银行"，使志愿者的

服务时间有效存储和使用；配置与市级志愿者统一的服装等符号标识，提高街道志愿者的社会认同感；加强志愿者的技术培训和知识学习，让志愿者在服务他人的同时提升自己的技能和专业水平，提高志愿者的自我认同。

第四章

社会化养老服务的行动策略

时代的巨变改变了我国传统的养老模式,社会化养老既是时代的需求,也是政府为应对老龄化问题而探索的应对策略。目前,潍坊社区基本形成了布局较为合理和便利的养老服务网络,面对人口老龄化的快速发展以及养老服务需求的急剧扩张,潍坊街道从服务内容、服务队伍、服务系统、财政投入、监督评估等方面,采取有效的行动策略来构建社会化养老服务网络,以促进养老服务的发展。街道财政的支持、企业资金的引入是潍坊养老服务模式转变最重要的支撑力量,其行动策略则是在此基础上的多元参与协同共治。

一 立足需求的养老服务

社区是一个具有多种社会功能的微型社会,也是老年人的聚居地和主要活动场所。需求分析是社会政策与福利工作的核心[1],也是潍坊街道在探索社会化养老的行动策略。

在全球老龄化背景下,大多数国家将养老问题推向社会,我国的社会化养老服务试图走"政府倡导资助、社会力量广泛参与"的道路,以带动整个社会的养老问题的解决。图4.1是我国社会化养老服务内容构成示意图[2],学者将我国社会化养老服务,按照服务类型划分为社区养老服务

---

[1] 刘继同:《欧美人类需要理论与社会福利制度运行机制研究》,《北京科技大学学报》(社会科学版)2004年第3期。

[2] 李文琦:《积极老龄化视域下社会化养老服务体系建设——基于陕西省养老服务现状的考察分析》,《西北大学学报》(哲学社会科学版)2013年第4期。

和机构养老服务，而社区养老又包含家庭养老服务和居家养老服务，但无论是哪种服务，其最终按照服务项目可以分为预防保健服务、生活照料服务、医疗康健服务、精神慰藉服务和社会参与服务；按照服务方式可以划分为在线服务、送时服务、暂息服务、日托服务和全托服务。

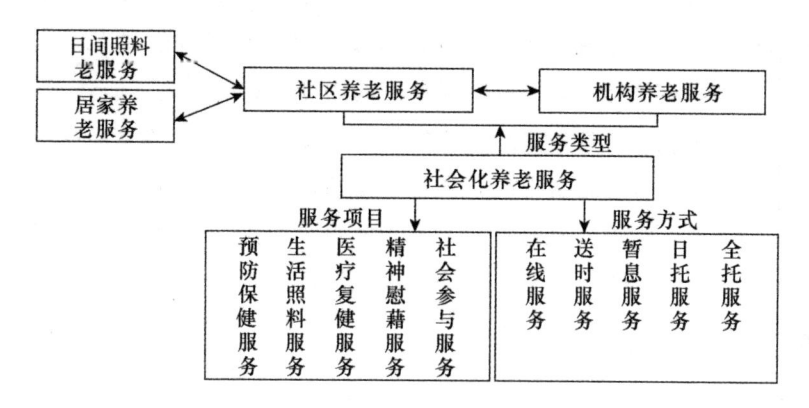

图 4.1 我国社会化养老服务的主要构成

马斯洛需求层次论指出，个体成长发展的内在力量是动机。而动机是由多种不同性质的需要所组成，各种需要之间，有先后顺序与高低层次之分；每一层次的需要与满足，将决定个体人格发展的境界或程度。马斯洛认为，人类的需要是分层次的，由低到高。它们是：生理需求、安全需求、社交需求、尊重需求、自我实现需求。尽管老年人仍有这五个层次的需求，但其在老年人生活中的排序则不同于青壮年人。这是由老年人的生理、心理及所处的生命周期特点造成的。潍坊街道在开展社会化养老的实践过程中，采用了走访、问卷、座谈、排查等多种方式了解辖区内老年人的需求，老年人的需求既包括老年人维持日常生活的基本物质条件因素，也包括其精神文化的需要，而精神文化的需要则占据主要的位置。

1. 物质生活需求。在人的整个生命周期，老年人已经逐步走向生命终结阶段，一方面，随着年龄的增长他们的身体机能逐渐衰退，感知觉能力也在不断下降，活动能力降低，他们大多数人患有各种急慢性病，疾病加速了身体机能的生理性衰老，使老人身体和脏器功能逐渐退化。在这样的情况下，不同特质的老人对基本生活需求也不同。但总体而言希望能在

"安全、便利、舒适"的人居环境中生活,尤其希望能够在熟悉的环境中满足不同层次的需求,幸福地安度晚年。

居家养老服务具体包括:有的老人生活不便,吃饭成了问题,有送餐的需要;有的老人自理不便,洗浴、剪脚指甲成了问题,有助浴、扦脚的需要;有的老人眼睛老花,已不能独自出门购物,有代购日常用品的需要;有的老人身患疾病,有帮助做康复治疗的需要;有的老人去医院治病,已不能独自挂号排队,有陪同就医的需要;有的老人不能独立洗衣、扫地,有找人洗衣、打扫房间等需要,这些都是潍坊街道在开展社会化养老的过程中,逐步总结出来的基础日常生活需要。在潍坊街道2014年所进行的204位老年人需求调查中,有109位能够完全自理,74位部分自理,13位完全不能自理,不同的老人有不同的需要(见图4.2)。仅有57位是完全家庭养老,其余147位不是完全家庭养老,所占总数的比例分别为28%和72%。经调查,由日托中心提供服务的占52.9%,由居家养老服务人员上门服务的占20.6%。由社区为老服务中心提供就餐服务的占21.1%,有40.7%的被调查老人认为自己需要日间照料服务提供休息场所,并给予照顾(见图4.2)。

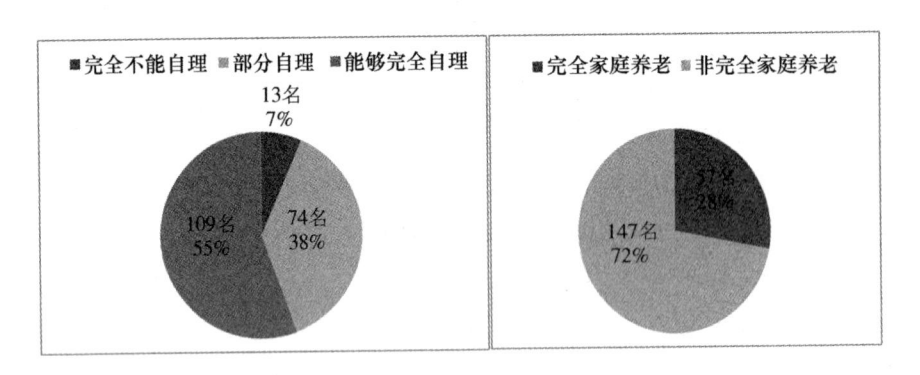

图4.2 老人自理能力与养老情况(样本量=204)

2. 精神生活需求。老年人在走过人生大部分时光后,第一,由感受阶段的旁观者,逐步向认知阶段和体验阶段主动参与者转变;第二,由传统—休闲型需求向含金量更高的"文化型、思想型、社会交往"需求转变;第三,由过去单一的娱乐休闲向多元需求转变,这种多元需求包括娱乐需求、情感需求、交往需求、求知需求和价值需求等。一方面，在生活多个方面依赖自己所爱的人，他们是自己感情寄托的对象；另一方面，也渴望获得他人的关爱，害怕孤独与寂寞。在精神需要方面，老年人由事业转向生活、由社会转向家庭，但他们不希望游离于社会之外，仅仅是旁观者和单纯的受益者，他们依然关注着社会的发展与进步，期盼通过扮演一定的社会角色继续参与社会发展，为社会的进步贡献自己的力量，实现自己的价值和尊严，这一需求的满足程度最终决定了社区老年群体精神生活的整体质量。

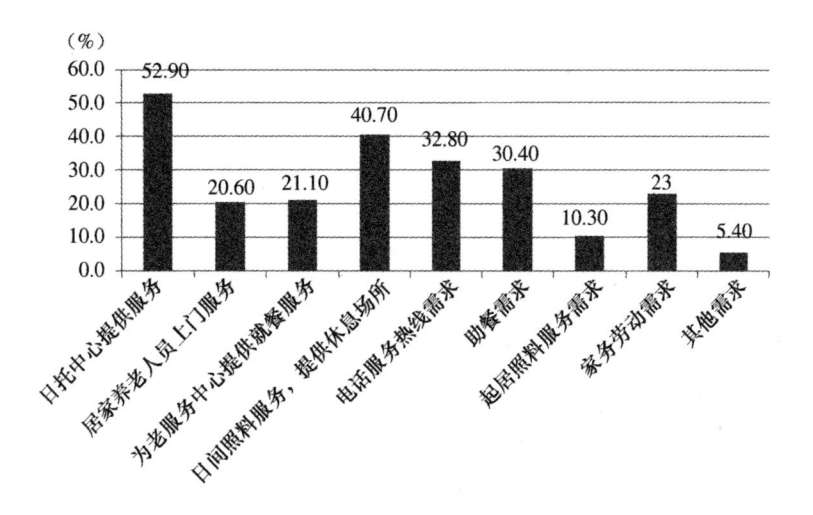

图 4.3　老人服务需求情况（样本量 = 204）

服务类型	百分比
日托中心提供服务	52.90
居家养老人员上门服务	20.60
为老服务中心提供就餐服务	21.10
日间照料服务，提供休息场所	40.70
电话服务热线需求	32.80
助餐需求	30.40
起居照料服务需求	10.30
家务劳动需求	23
其他需求	5.40

在潍坊街道 2014 年的调查中，有 32.8% 的老年人有电话服务热线的需求，有 30.4% 的老年人有助餐服务需求，有 10.3% 老年人有起居照料服务需求，有 23% 的老年人有家务劳动需求，5.4% 的老年人提出了其他方面的需求，如去老托所，陪同去女儿家，增加老人晚餐服务等（见图 4.3）。

以潍坊街道 2013 年完成的为老服务情况为例，潍坊街道社会化养老中需求满足的主要做法及划分情况可以总结为表 4.1：

表 4.1　　2013 年潍坊街道为老服务的主要项目

服务提供方	服务内容	项目周期	资金来源
浦东新区潍坊利峰社区服务社	社区老人助餐项目	12 个月	街镇购买
浦东新区潍坊馨丰社区服务社	潍坊三村老年人日间服务中心托管项目	12 个月	街镇购买
	潍坊四村老年人日间服务中心托管项目	12 个月	街镇购买
	潍坊八村老年人日间服务中心托管项目	12 个月	街镇购买
浦东新区潍爱社区服务管理中心	浦东新区潍坊街道助老服务项目	12 个月	市福彩金
	浦东新区潍坊新村街道"银发无忧"综合服务项目	12 个月	市福彩金
浦东新区港联门诊部	社区老人免费助医项目	12 个月	街镇购买
浦东新区潍坊为老服务工作站	新沪商社区义工服务项目	12 个月	基金会
伙伴聚家养老服务社	潍坊源竹老年人日间服务中心托管项目	12 个月	街镇购买
	老年人康复服务项目	9 个月	街镇购买
	"乐活"老年健康行项目（创投项目）	12 个月	市福彩金
	浦东新区老年基金会资助康复护理服务项目	12 个月	基金会
浦东新区老年协会	浦东新区低保困难老年人家庭居室适老改造服务项目	12 个月	市福彩金
浦东手牵手生命关爱中心	潍坊二村老年人日间服务中心托管项目	12 个月	街镇购买
浦东新区潍坊居家养老服务中心	社区老人关爱服务	12 个月	街镇购买
浦东新区潍坊老年协会	潍坊东南老年人日间服务中心托管项目	12 个月	街镇购买
	潍坊社区老年人精神文化服务项目	6 个月	街镇购买
	"阳光沙龙"单身老人家园项目	12 个月	街镇购买
浦东新区潍坊雨泽社区服务中心	浦东新区潍坊新村街道老年活动室服务项目	12 个月	市福彩金
	"橄榄枝"失独家庭关爱项目	6 个月	街镇购买
和睦家养老事业发展中心	潍坊街道老年人健康干预服务项目	10 个月	街镇购买

资料来源：由潍坊街道 2014 年汇总统计，整理而成。

由表 4.1 可以看出，2013 年潍坊街道共 12 个社会组织参与社会化养老活动，提供21个项目，占当年总项目（41项）的51.2%，可见潍坊街道对老年人服务的重视程度。其中，针对基本生活需要（含预防保健服务、生活照料服务、医疗康健服务）的社会组织主要有：浦东新区潍坊利峰社区服务社、浦东新区潍坊馨丰社区服务社、浦东新区潍爱社区服务管理中心、浦东新区港联门诊部、浦东新区潍坊为老服务工作站等；针对精神生活需求（含精神慰藉服务和社会参与服务等），提供服务的社会组织主要有：浦东新区老年协会、浦东手牵手生命关爱中心、和睦家养老事业发展中心等。

需要说明的是，这两大类的区分对于提供为老服务的社会组织来说，并不是绝对标准，现实情况中部分社会组织是单一类型的为老服务，而部分社会组织则是多元类型的为老服务。且每个提供为老服务的社会组织在每年度中所申请资助的项目或许不同，但其组织所提供的为老服务可能是多元的。例如上海新沪商社区"人之老"助老慈善公益项目的由来之一是居家的"孤寡"和"空巢"老人少有亲人的陪伴和交流，难有日常的帮扶和救助。老人精神空虚和生活自理能力逐渐缺失的困境，无法由社会一时的关注所能化解，需要更贴切的关爱和常态的扶济，是在原有新沪商社区义工服务项目基础的一个服务内容的深度拓展。

关注社区长者的持续照护（即养老"微机构"）是潍坊街道社会化养老服务的创新之举，也是根据老人需求而开展的社会化养老的积极措施之一。对于一些需要持续照护的老年人来说，在身体的自理能力和健康状况发生变化时，十分需要在熟悉的社区中持续居住，并获得与老人身体状况相对应的持续性照护，真正实现老人的"原居安老"需求。这种需要持续照护的老年人往往是社区里的长者。针对这一特殊需求，潍坊街道所采用的就是逐步规范化管理、科学运营、高效服务的养老微机构。其中的"微"既指规模，又指投入。养老微机构的规模小、门槛低，在社区只需要一二十张床位、几百平方米就能运作。一般来讲，养老微机构牢牢植根于社区之中，与社区环境融为一体，成为不可分割的一部分，让老人不出家门或在社区就可享受养老机构的高质量专业化的护理服务和设施。为了给老人提供持续的照料服务并减轻家庭和养老者的负担，潍坊街道着力探索新型养老服务方式，目前已建立提供"喘息服务"的养老微机构。

这种"微机构"虽然被称作机构，但与传统养老机构相比，可以说既是机构，又远不止是机构。从手段上说，微机构依托的是最先进的技术，远程自动获得各种照护服务所需数据，从而打破传统养老院的藩篱，在预设的服务半径内，将专业的心理干预等服务延伸到老人熟悉的居家环境——即将老人家里的床等同机构的床投送服务；从目标上讲，是要最终实现在老人熟悉的环境下，提高失能失智老人生活质量和重建其尊严的目标。由此可见，微机构的突破性创新不在于"微"，而在于它的目标服务对象是居家失能失智老人，而不是传统意义上长期住在机构中的老人。

潍坊街道2014年划拨500平方米的土地用于养老微机构的建设和装潢，由社会组织"爱照护"进驻，已于2014年12月建成。该机构提供10张床位、日托服务、上门服务和失能失智老人家属培训服务等，并利用科技助老的优势，将所有信息和服务实现数据化。该机构依托家庭养老进行辅助养老服务，主要内容对家属进行培训，在家属无法照料老人时提供临时托管喘息，家属可以出远门，但一个床位使用不超过45天。

根据调查，老人家属或者为老服务从业人员长期照顾老人，十有八九都会出现疲惫现象，特别是一些照顾生活不能自理老人的家属和人员，长期照顾也会使他们的心理出现忧郁倾向，因此潍坊街道推出了"喘息服务"计划，让这些家属和人员得到一个喘息的机会。"喘息服务"起源于20世纪70年代的美国，目前已经成为许多发达国家和地区养老服务体系中的重要组成部分，不少养老机构都附带这项服务，有固定床位专门预留给有需要的家庭，比如子女要出差、旅游、休息或者遇到突发情况，养老机构可以提供帮忙照看护理老人的服务。针对潍坊街道的现实需求，潍坊街道推出的"喘息服务"计划主要包括两个方面：一是引入专业社工，为长期照顾老人的家属等提供专业的建议，为一些有需要的人员做情绪疏导与心理舒压；二是对于家属临时需要远行、家中老人无人照顾的家庭，为老人提供机构的临时性床位。潍坊街道的喘息服务实践充分顺应了市场的需求。

就微机构的发展来说，潍坊街道计划在第一年提供30万元补助、第二年20万元、第三年10万元，逐渐放开扶持，直到其有盈利能力（盈利目标为50个服务对象），政府将作为股东得到利润分红。政府在此过程中主要扮演初期扶持者和后期股东的角色，进行扶持和监管，由社会组织（社会企业）独立市场化运作。该项目实施成功后，潍坊街道的老人将依据不同的健康程度得到不同机构和组织的服务：健康老人可参与"新沪商"项目实现自身价值；轻度失能老人将得到日间照料中心的帮助；中度失能老人将享受"微机构"的服务；重度失能老人可以去敬老院；再严重一些则选择医院等机构。自此，潍坊社区的养老机制将越来越完善，并成为可复制的成功实践。

潍坊街道已完成覆盖所有老年人的信息采集数据库建设，并与浦东新区科技助老平台系统对接，实现信息共享、资源互补，推进智能化养老服务系统的建设。另外，潍坊街道也在尝试新的智能技术应用。智能化养老服务系统的市场推广需要政府的大力资助，目前绝大部分资金都是由政府支持，而享用此系统的老年家庭只需承担部分运行成本。当智能化的养老服务系统规模化后，运行成本会大大降低，每家每户则承担相应的运行费用。潍坊街道的实践证明政府应在市场无法发挥作用的领域承担责任，市场的介入需要时机。

从2014年的调查发现，针对潍坊街道的喘息服务，有52.9%完全支持，39.2%比较支持，0.5%不太支持，0.5%不支持，还有5.9%表示无所谓。这说明潍坊街道的喘息服务在实践中基本符合养老服务需求。

总体而言，潍坊街道在宏观管理这些社会组织的时候，也考虑到了老年人需求的多样性，积极督促为老服务社会组织的多元化，以满足社会化养老的需求。而对潍坊街道所提供的服务满意度来说，在2014年开展的被调查老年人对接受的养老服务整体满意度调查活动中，有38.2%非常满意，56.4%比较满意，4.4%认为一般，0.5%非常不满意。针对目前的养老方式是否符合意愿，86.8%认为符合，仅有11.8%认为不符合。这说明潍坊街道所提供的养老服务满意度较高，潍坊街道将立足需求导向的社区居家服务落到了实处。

二 专业化的养老服务队伍

（一）社会化养老背景下的国内外专业化养老服务队伍

以发达国家为例，日本等国家的养老服务体系已走上职业化道路，专业人才队伍充实。我国一些地区也有了一定的实践尝试，但还存在一系列问题。社区居家养老服务中部分需求必须由专业人员才能完成，如涉及医学知识和技能的预防保健服务、医疗康健服务，非专业人员提供的服务在一定程度上或许会成为老年人的负担或引起不必要的后果；部分需求如果由专业人员完成其满足程度和满足效果都远比非专业人员好，如精神慰藉服务和社会参与服务等。因此，专业化的养老服务队伍在社会化养老中是十分重要的。国内的不少城市已开始了对职业化养老服务队伍的培养，近年来养老服务专业（尤其是养老护理专业）在许多省市的职业学校中设置起来，在北京等地，还出现专门的养老服务职业技能培训学校，这为培养职业化人才提供了必要的教育基地。这表明我国政府一方面在努力尝试自身组建一支专业的为老服务工作队伍，统筹和引领社区的老龄事业发展；另一方面则更多地将专业的为老服务工作队伍拓展到基层街道和社区。

（二）潍坊街道专业化养老队伍现状与特点

相对于上海市其他街道，潍坊街道较早拥有一批比较专业的社会组织和志愿者队伍，这些社会组织都有着明确的为老服务目标、规范的培训制度、服务流程等，对组织成员的培训、能力建设与考核、激励等方面也找到了规律，也有人员保证。为了解潍坊街道专业化养老队伍的现状与特点，我们通过对时任潍坊街道社区服务中心陈维主任的访谈，获得了以下信息：

> 我们目前加上敬老院的有200多人，还不加居委会的民政社工，包括外来就业人员、退休人员等，还有240名义工，这是我们目前的人员，配备上做强了潍坊专职为老服务工作人员和义工的配比。将近500人，服务对象是1900人，也就是我们一直在说的9073的7这个方面的，3里面我们只做到1%，7的1800人里面基本上都是7%里面的。主要是三类，一是居家养老对象，一个是独居关爱对象，还有就是送餐服务对象，加起来1700左右。①

---

① 访谈记录：wf20140626—1。

而就 240 名义工提供的精神慰藉和急难相助需求来说，潍坊街道特色项目是新沪商志愿者服务队——新沪商义工站。潍坊街道义工的招募、内部培训与例会制度等都值得全国借鉴。

通过新沪商义工对老年人的服务，从根本上改善了老年人日常生活质量。现在，凡有新沪商助老义工服务的小区，孤独老人不时有人探望，经常有人可聊，难事有人相帮，急时有求可靠，居家养老少了寂寞，多了帮手。除了精神慰藉和急难相助之外，社区服务中心和义工总站还拓展服务内容，提供定期、稳定的老年人互动娱乐平台，丰富老年人晚年生活，促进老人之间的互相交流和沟通。比如开展了"红色中国·红色记忆"经典电影回顾展，有 62 位义工和结对老年人共同观摩《建党伟业》等经典电影；组织了 89 位老年人开展了"上海一日游"活动，带领老年人游览新外滩等上海标志性建筑；举办茶话会，加强老年人与义工、居委会的沟通，了解老年人的需求和满意度。而据调研可知，上海市级层面的"老伙伴计划"借鉴于此①。以 200 多名护理人员来说，他们主要是在满足潍坊街道老年人助医、预防保健服务、医疗康健等需求，这些护理人员，多数是由街道想尽一切办法招请而来，一般要求为至少是持有护理资格的应届毕业生，多为有经验的护理人员。

以潍坊街道的"伙伴聚家"为例，2009 年上海市养老服务存在的普遍问题：服务质量低，护理人员街道聘用制；保姆流动性大，矛盾集中。从海外归来的杨磊成立"伙伴聚家"的原因："一是从技术性上讲，老年人的康复护理是比较专业的；二是从安全性讲，防止老人发生意外。我认为改进养老服务存在的问题主要需要第三方管理、企业化运作，专业性和安全性，补充政府的托底服务。"②

因此，杨磊带队在 2009 年 5 月成立"源竹老年人日间服务中心"，后参加了 2010 年上海市创投大赛，寻找需要服务的老人，梳理特殊疾病老人需要的服务。潍坊街道允许"伙伴聚家"在本街道外寻找项目，该组织的特点是所提供的为老服务不追求量多，只做精细服务。2011 年开

---

① 访谈记录：wf20140418—1。
② 访谈记录：wf20140418—2。

始,带着资金接项目。成立6—8个月后,服务量增加,客户群增加。"伙伴聚家"机构内部设置项目管理部门(专业人员)、市场组(销售人员)、综合服务(提供护理人员、护工)、康复护理(康复师),想方设法提供优质服务,其员工平均年龄41岁,护理人员包括一些退休返聘的医生护士。市场销售人员35岁左右,后勤保障人员35岁左右,上门护理人员45岁左右,康复护理人员28岁左右。日间照料中心员工平均年龄40岁左右[①]。在有专业上门护理人员和康复护理人员的基础上,"伙伴聚家"才可以做到提供精细服务,才能吸引有需要而又有能力购买的老年人。目前这种应用效果也较好,潍坊街道在机构养老服务方面也不断提高专业化水平从而改善服务质量,如时任潍坊街道敬老院闻院长所说:

> 1992年那个时候老人只有三位在陈主任的生活服务中心,后来搬迁到敬老院,发展到80个床位。缓解一下老人生活困难的情况。现在我们是170个床位。机构的规模是170个床位,建筑面积4100平方米,占地面积2650平方米。配套设施有两人间、三人间和多人间,便于管理。我们现在入驻150位老人,有很多因素,老人不适应房间就当作了仓库。专护11位,一级护理13位,二级护理64位,三级护理32位。年龄分类,62—70岁两个人,71—80岁20个人,81—90岁94个人,91—100岁33个人,100岁以上1个人。在职员工56个人,管理人员4人,办公行政2人,护理30人,社工1人,保健医生2人,厨师5人,其他11人。持证情况,每年都有年审,上海委派的专家到我们潍坊街道进行帮助监督审核,已经成为工作的惯例。初级证书19个,中级5个,上岗证6个,社工中级1个,康复师高级1个,保健医生2个,营养师1个,电工2个,建构消防初级3个。我们的服务宗旨是敬老爱老奉献爱心精益求精捧出爱心。管理规范化,护理专业化,服务人性化。目标是老人满意,家人放心。[②]

---

① 访谈记录:wf20140418—2。
② 访谈记录:wf20140418—1。

而在专业化的为老服务队伍中,部分社会组织也有自身的烦恼,如队伍的可持续发展问题、专业技能的再提高等,未来需要通过更加多样的形式来不断提升。在 2014 年的调查中,针对潍坊街道养老服务,被调查老年人对服务人员专业性的满意度中,44.1% 非常满意,44.6% 比较满意,8.8% 认为一般,1.0% 比较不满意,而认为应该提高服务人员专业水平的仅有 13.7%,这说明潍坊街道养老服务的专业水平基本满足老年人需要,得到了老年人的认可,专业化的养老队伍是潍坊街道的主力军。

三 智能化的养老服务系统

服务模式创新发展离不开现代科技手段的支撑。智能化的养老服务系统是潍坊街道社会化养老服务的科学技术保障。

(一) 智能化养老服务系统的背景

西方发达国家很早就倡导"在适宜环境下养老 (Aging in place)"的理念,而智能化养老的概念最早由英国生命信托基金会提出,称为全智能化老年系统,即老人在日常生活中可以不受时间和地理环境的束缚,在自己家中过上高质量、高享受的生活。后来这种理念逐步推广到其他国家。美国将智能化理念引入公寓设计进而顺推到老年公寓,并首次提出持续照护性质的社区 (Continuing care retirement Communities, CCRCS),老人能享受到智能科技的高质量持续照顾,服务功能齐全的复合式老年社区。国际上也有很多成功范例。

2013 年全国智能化养老专家委员会第一次工作会议提出,截至 2013 年,已经批准筹建的全国智能化养老实验基地有 15 家,全国老龄智能科技产业园 1 家。我国力争 5 年内在全国建设 100 家智能化养老实验基地,探索出适应我国国情的智能化养老模式。可以看出,目前智能化养老刚刚起步,在现实的为老服务中,由国家层面建立利用大数据系统宏观的全国范围的智能化养老系统为时尚早。但近年来我国一直在倡导利用高科技助力社会化养老,鼓励企业及个人通过观察、了解老年群体的实际需求,设计真正适老、为老、助老的产品。

（二）潍坊街道智能化养老的措施

为了提高为老服务质量，使更多的老人享受社会发展的成果，潍坊街道致力于打造一个智能化的养老服务系统。潍坊街道通过政府主导、社会参与、企业协同，合力建设的智能化的养老服务系统主要包括：

1. 智能化养老的基础建设

近年来，潍坊街道已经逐步完成了覆盖所有老年人的信息采集数据库建设，并与浦东新区科技助老平台系统对接，实现信息共享、资源互补，推进智能化养老服务系统建设。智能化养老服务系统的市场推广需要政府的大力资助，目前绝大部分资金都是由政府支持，而享用此系统的老年家庭只需承担部分运行成本。当智能化的养老服务系统规模化后，运行成本会大大降低，每家每户则承担相应的运行费用。对于一个街道完成这样的信息采集数据库，是一项十分重要的基础工作，这也为后续的老年人服务提供了基本导向，在信息采集数据库中，街道可以利用计算机平台调入调出不同类型的老年人的住址、身体状况、亲属联系方式等，可以进行分类整理；此外，一个好的信息采集数据库有助于街道进行为老服务评估、后续服务改进等。

2. 潍坊街道尝试新的智能技术应用

在科技助老方面，让老年人得到更大的帮助和实惠。利用科技手段，借助科技产品为特定老年人提供帮助，2013年潍坊街道共安排发放安康通200只、手腕定位仪20只。具体而言，一是在社区敬老院安装"爱照护"老年人照护管理智能化系统。对服务人员的服务质量、每日服务内容和计划等信息进行管理，并在3个房间的10位老年人床位安装终端，重点记录老年人安全数据和生理机能数据，方便敬老院工作人员和医生及时了解和掌握老年人身体健康状况，及时响应老年人服务需求或调整为老服务护理等级。二是在社区7个老年人日间服务中心安装老年人生理数据管理系统。在提高老年人照料服务管理效率的同时，通过移动互联网技术，将老人的体检报告、化验报告、用药处方和健康贴士等推送至子女智能手机，建立起老人、家属、日托中心、街道职能部门之间互动、互通和互联的网络体系，引导子女更多地介入父母的照护服务。三是为独居老人等部分居家服务对象安装"爱照护"服务系统芯片。目前"爱照护"系统已覆盖3330名居家照料服务对象,居家养老护理员、送餐员、关爱员等50余人已配备手机终端,实现服务派单,签到和签出以及服务满意度评价智能化管理。同时,社区计划陆续为社会孤老试点安装ADL(日常生活能力设备)远程监护和关爱套件,有38名孤老同意安装,目前已完成安装。实现孤老日常生活活动能力、安全状态、服药提醒等远程监护和关爱。四是建设失智失能老年人持续照护中心。在充分调研社区内老年人需求和现有养老机构服务现状的基础上,2014年潍坊街道建立"机构—日托—居家"三位一体的失智失能老人照护中心。该中心专门面向失智失能老人,以居家服务、日间照料为主,以短期寄养为辅,是一所为社区老人提供专业护理和康复服务的综合型养老照护机构。中心以"爱照护"智能管理系统为服务平台,通过信息化手段,记录和管理老人的需求评估、目标设定、计划制订、方案实施、质量监督、效果验收、家属评价、费用支付等各个流程,实现对居家养老、日间照料等服务质量的全程监管。

科技助老的好处在于一方面能够更好地提高服务质量和服务水平,另一方面可以降低成本。对于科技助老目前我国仍然在不断的探索中,未来也可能有更多的项目和技术带动我国的社会化养老。

潍坊街道2014年调查结果显示:45.6%老年人提出应该改善社区养老服务设施,这也说明,科技助老的好处和居民及老年人的接受程度仍然在磨合之中,并未实现全民认可与接受,目前仍在探索中。

四　积极的财政投入

(一) 财政支持的政策支撑

街道对养老事业的财力投入十分重要也十分必要,必须加强资金保障。为贯彻落实《关于促进浦东新区民间组织发展的若干意见》(浦府〔2007〕88号)以及浦东新区《"十二五"期间促进社会组织发展的财政扶持意见》(浦府〔2011〕113号),推进政府职能转变,切实发挥社会组织在社区管理和公共服务中的作用,促进潍坊社区建设和发展,潍坊街道特制定了《潍坊社区扶持社会组织发展的若干意见(试行)》和《关于向社会组织购买服务的若干意见(试行)》,做到了政策先行,使得潍坊街道的养老服务有了政策支撑。在这两个政策文件里有详细的财政支持说明。养老是产业也是事业,需要政府在其中扮演主导的角色,尤其是在资金保障方面。潍坊街道政府在社区养老中的财政投入力度逐年加大,资金的按时到位保证了养老场所和设施的提供、养老服务的水平、服务种类的数量、服务人员的发展和新技术在养老领域的应用。

(二) 潍坊街道财政支持的实际情况

潍坊街道财政支持的环节既有建设环节也有运营环节。按照公共财政体制要求,潍坊街道每年在街道的年度预算总额中保证养老事业发展经费,街道财力的增量部分优先向养老事业倾斜,力争"十二五"(2011—2015年)期间街道用于养老事业的财政经费逐年增加。潍坊街道在这一方面尽可能地做到财力保证,稳定的资金保障,街道慈善帮困基金每年拿出 80 万—90 元万资金用于慈善帮困,其中 50 万元用于涉老项目[①]。2009 年、2010 年、2011 年潍坊街道用于日常养老服务的实际支出分别达到 440 万元、550 万元、790 万元,呈逐年上升趋势,前文已有表述。从表 4.2 可以看出,2012 年潍坊街道预算养老事业支出为 715 万元,但实际支出为 1238.78 万元,这是近年来最高的数额。其中六村敬老院、社区敬老院扩建和敬老院养老康复设施配置三项为预算外项目,三项合计花费 615.33 万元,占 2012 年养老事业总支出的 49.6%。2013 年潍坊街道预算养老事业支出为 653 万元,实际支出 780.29 万元,其中失能老人康复室和敬老院整体扩建工程为预算外项目,两项合计花费 143.33 万元,占 2013 年养老事业总支出的 18.4%。2014 年潍坊街道预算养老事业支出为 680.98 万元,实际支出 663.46 万元,其中四村养老外设服务区装修为预算外项目,花费为 32.24 万元,占 2014 年养老事业总支出的 4.9%。据了解,2012—2014 年潍坊街道在养老服务上支出占街道财政支出总比例分别为 6.89%、3.72% 和 3.41%[②]。

---

① 访谈记录:wf20140509—2。
② 数据来源:潍坊街道提供。

表 4.2　　潍坊街道 2012—2014 年养老事业支出情况

2012 年 项目	预算（万元）	实际支出（万元）	2013 年 项目	预算（万元）	实际支出（万元）	2014 年 项目	预算（万元）	实际支出（万元）
老龄	160.00	165.93	老龄	100.00	85.37	老龄	177.00	127.54
"十二五"养老计划	50.00	1.49	居家养老	90.00	90.00			
居家养老	105.00	105.00	老年日托所运营	115.00	115.00	老年日间服务中心	128.98	128.98
老年日托所运营补贴	100.00	85.00	敬老院补贴	210.00	210.00			
敬老院运营补贴	215.00	215.00	老年日间服务中心	24.00	24.00	敬老院及四村外设服务区补贴	300.00	300.00
养老综合信息平台建设	45.00	16.48	老伙伴健康生活馆	14.00	12.59			
失能老人康复室	40.00	34.55	失能老人康复室		21.40	孝亲敬老广场改造	75.00	74.70
六村敬老院		223.88	四村养老外设服务区装修	100.00	100.00			
社区敬老院扩建		249.13	敬老院整体扩建工程		121.93	四村养老外设服务区装修		32.24
敬老院养老康复设施配置		142.32						
小计	715.00	1238.78	小计	653.00	780.29	小计	680.98	663.46

数据来源：潍坊街道提供。

一般而言，财政资金在支持养老服务体系建设的过程中，既可以支持养老服务的供给方即居家养老服务中心（或站）、养老机构，也可支持服务的需求方如老年人。必须正确认识到财政支持的对象有供给方，也有需求方。

(三) 具体的资金使用

1. 硬件

一般来讲，理想的老年人居住建筑应该是允许老年人自由且独立的生活，并提供必要的协助，而不应该一切包办，否则反而会降低老年人的活动能力、加速老化过程。不同的老年人群体特征不一，既有部分有生活自理能力的老人可独立生活在自己的寓所中，部分富有活力，生活基本自理，但因某些疾病等需要某种程度监护和少许帮助的健康老人，也有部分不需要医院护理，但可能偶然需要个人生活的帮助和照料，提供监护和膳食供应的老人，还有体力和智力都衰退，并需要个人监护的老人，还有部分生活不能自理，住所不可能是独立的，需要提供进餐、助浴、清洁和穿衣等服务的老人等，这些老人对养老基础设施需要有不同的侧重点。因此，在具体资金使用上，硬件的资金投入主要用于不断改善、增加养老硬件设施，才能尽可能既做到适宜老年人生活，又同时能够满足老年人的主要需要。这也是2012年潍坊街道在养老事业中把花费较多地放在基础设施硬件建设上的主要原因。而后期的养老事业支出无论是数量还是比例都相应减少，并不能说明街道的重视程度降低，而是由于前期的基础设施硬件准备花费较大。

2. 软件

一般来讲，在老年服务基础硬件设施的提供之后，还需要注意到资金使用的软件层面。这一层面主要是用于社会组织扶持奖励和资助为老服务公益项目，通过项目资助的方式推进养老服务。

表4.3落实了潍坊街道对社会组织发展的十条扶持政策，其中包括设立扶持社会组织专门资金、降低准入门槛，实行开办补助、完善购买服务机制、完善购买服务评估机制、鼓励优秀社会组织落地潍坊，实行办公场所租金补贴、鼓励社会组织吸收高校毕业生就业，扶持高校毕业生创办社会组织、鼓励社会组织引进高端专业人才、鼓励社会组织主办和承办在市区具有影响力的活动、鼓励社会组织创先争优、鼓励入驻潍坊社区的社会组织积极参与上海市社会组织等级评估。具体数额显示在表4.3中，从表中可以看出，2013—2014年有9个社会组织受到了街道的13项扶持，其中上海伙伴聚家养老服务社所获得的扶持奖励最多，达到58220元，占总

扶持奖励资金的 38.7%。其余近 60% 由 7 家社会组织获得。这些资金主要花在对社会组织评估进行奖励、开办费用补贴和白领公寓补贴等项目上，总数达到 15028.6 元。

表 4.3　　潍坊街道 2013—2014 年针对社会组织的扶持奖励情况

序号	单位	项目	所属年份	补贴金额（元）
1	慈爱公益服务社	5A 级社会组织登记评估奖励	2013	10000
2	公益社工事务所	白领公寓（下半年）	2014	9183
3	久惠市民综合帮扶工作站	开办费用补贴	2013	30000
4	上海伙伴聚家养老服务社	白领公寓	2013	21060
		市级荣誉奖励	2013	3000
		4A 级社会组织登记评估奖励	2014	5000
		白领公寓（上半年）	2014	14040
		白领公寓（下半年）		15120
5	上海浦东新区潍坊馨丰社区服务社	白领公寓（下半年）	2014	6562.8
6	手牵手关爱发展中心	4A 级社会组织登记评估奖励	2014	5000
7	潍坊敬老院	4A 级社会组织登记评估奖励	2013	5000
8	馨丰社区服务社	白领公寓（上半年）	2014	6562.8
9	雨泽社区服务中心	开办费用补贴	2013	20000
		合计		150528.6

数据来源：潍坊街道提供。

表 4.4 显示的则是潍坊街道 2013—2014 年为老服务公益项目情况，两年间有 7 个为老服务公益项目得到立项，总支出为 391495 元，其中 2013 年公益项目支出有 126779 元，占总数的 32.4%，2014 年公益项目支出有 246716 元，占总数的 67.6%。这可以看出两年里对为老服务公益项目支出的力度有所增加，直接受益人数和间接受益人数都有所增加。

表 4.4　潍坊街道 2013—2014 年为老服务公益项目情况

序号	社会组织	项目名称	项目时间	受益人数	项目经费（元）	立项年份	是否完成
1	潍坊社区慈爱服务社	二手货调剂和慈善义卖项目	6个月	直接900人；间接3600人	18000	2013	是
2	上海伙伴聚家养老服务社	老年人康复服务项目	6个月	200人	30000	2013	是
2	上海伙伴聚家养老服务社	"聚乐惠"综合为老服务站	12个月	1. 单个服务点建立会员老人不少于500人。2. 单个服务点建立付费会员老人不少于200人。	46800	2014	是
3	潍坊新村街道老年协会	老年人精神文化生活项目	7个月	直接3000人次 间接500人次	30000	2013	是
4	潍坊老年协会	"阳光沙龙"单身老人的家园	12个月	3300人次	56100	2013	是
5	上海和睦家养老事业发展中心	潍坊街道老年人健康干预服务项目	10个月	150人次	67616	2013	是
6	雨泽社区服务中心	睿乐汇	12个月	5150人次	79979	2014	否

数据来源：潍坊街道提供。

应该指出的是，对不同的养老服务，财政支持的对象有所不同。对居家养老服务而言，由于其服务具有准公共产品的特点，财政应支持供方即支持居家养老服务中心（站）的建设，以便为老年人居家养老提供支持和服务；对机构养老而言，为了促进养老机构建设，财政应对养老机构建设给予支持；在养老机构运营阶段，财政应支持需求方，即对各种困难老年人和有特殊贡献的老年人给予补贴，其他有机构养老需求的老年人根据需要与自身经济条件自行选择不同标准的养老机构，即将日常运营补贴直接转为服务对象的补贴，从原来补贴供方转向补贴需方，实行"费随人走"，给服务对象自由选择权，养老机构自负盈亏，以促进养老服务机构提高服务质量，满足老年人不同的服务需求，也有利于增进养老服务机构之间的良性竞争。

2014年的调查发现，老年人在最终对于财政支持养老服务机构的建设中，有提出建养老机构不需要富丽堂皇，街道应该开设老年食堂，增加老年人晚餐等建议，这说明过去几年中潍坊街道养老服务的基础设施建设是符合基本需求的。此外，除了用好政府的财政支持外，潍坊街道还在社会资金的投入上下了大工夫，尤其是企业资金，这也是近年来潍坊街道养老服务做得突出的原因，就是真正做到了社会参与中的企业资金引入和社会志愿者的积极参与。

五　完善的监督评价体系

（一）潍坊街道养老服务的评价内容和对象

无论是政府财政还是社会资金的投入，对于养老这个难题来说，取之有道，来之不易，这些用于建立社会化养老服务的钱，不能漫无目的地花，这些钱要有所去，去有所值。2010年上海市出台了《社区居家养老服务规范》，以此对社区居家养老服务进行考评。评估内容为社区居家养老服务项目（内容）的实施情况。评估方法主要是意见征询（上门、电话、信件、网络）；实地查看；检查考核。评估指标的服务满意度，家属/监护人满意度；服务时间准确率；服务项目完成率；有效投诉结案率。评估主体含机构自我评价、服务对象评价、第三方评价。评估结果方面，社区居家养老服务机构应根据评估过程中发现的问题与建议，及时改进，不断提高服务质量。即上海市对社区居家养老服务开展质量评估的探索，在评估实践中注重满意度、效果等的测量。

（二）潍坊街道养老服务评价的实施

为给老年人提供更加符合自身需求、更高质量的养老服务，潍坊街道制定了一套完善的监督评价体系。潍坊街道制定的《潍坊社区扶持社会组织发展的若干意见（试行）》指出要完善购买服务评估机制。明确购买服务标准，注重项目的过程管理，建立项目监督、反馈、评估机制。项目实施结束后，必须开展资金使用审核、项目执行情况、服务对象满意度的项目评估工作。同时在《关于向社会组织购买服务的若干意见（试行）》中明确指出，对购买服务的项目将实行期末评估和过程监督相结合的办法；所有项目不论金额大小，在项目结束后均需提交项目评估报告，10万元以下的项目，由职能科室负责评估；10万元以上的项目，由职能科室会同街道社会组织服务中心委托第三方专业机构进行评估，包括服务成效、服务满意度、经费使用等内容。经评估未达到要求的项目，要相应扣减购买费用。评估结果及时向社会公布，并作为以后年度预算安排及社会组织承接政府购买服务的重要参考依据。在项目实施过程中，通过市民巡访随机检查、社会组织服务中心定期调研、社会组织信息报送等形式进行监督。

这表明潍坊街道率先根据上海市的要求制定相关的政策，一是明确了潍坊街道为老服务中的由政府主导、社会参与建构养老服务的评价指标体系。二是由政府、社会和养老机构自身构成全方位的评价主体，共同评价自身机构的运行质量和服务水平。

（三）潍坊街道积极构建社会化养老评价指标体系

近年来，潍坊街道一直在持续进行相关定期调研，2014年对享受社区养老服务的老人满意情况进行了调查。针对机构养老，一级评价指标：一是整体养老环境和设施，包括居住环境、日常活动设施、医疗护理实施；二是机构提供的生活照料服务，包括专业化水平、服务态度；三是医疗护理照料服务，包括护理人员服务态度、护理人员专业水平等；四是心理慰藉服务；五是休闲娱乐活动。最后总体上对机构提供的养老服务的评价。针对居家养老和送餐、新沪商养老服务等，也用类似的指标设计了评价指标体系，并在不断完善。

总之，在潍坊街道社会化养老过程中，采取了多种行动策略，推出了自己的特色，既满足了老年人的养老服务需求，也创造出了自己的品牌。

六 小结

为完善潍坊街道社会化养老服务的行动策略，还需做到以下几点：

第一，从政府的角度出发，建议在推动社会化养老服务中，注意进一步的精细化管理，逐步细化社会化管理所涉及的各个部门的责任与义务，让各个部门能够依据精细化管理的指标来开展工作，做到社会化养老的精、准、细，从多个方面更好地适应社会化养老需求。

第二，从社会化养老政策执行者的角度出发，我们认为在未来老年人的养老需求中，除去资金支持外，排在前位的应该是养老服务中对老人的护理和康复训练需求，这一部分是专业技能，因此建议在推动社会化养老进程中，注意养老需求与养老服务供给的平衡，加大和提高对老人的护理与康复训练的服务供给，通过科学的、有效的老年人护理与康复训练，延长老年人身体的机能。

第三，从整个社会层面来说，在全国范围内进一步加强尊老、敬老的政策号召与政策呼吁，逐渐形成全社会范围内都认真考虑和参与社会化养老服务，通过学校、单位、传媒、互联网等更大范围地为社会化养老政策的开展培育舆论支持。

第四，从社会化养老政策的执行效果评估出发，逐步构建科学、合理的社会化养老服务评价指标体系，对国家财政支持社会化养老服务的资金使用去向、效果等进行公示、审核和监督，确保资金使用去向公开、使用方式合法、使用结果合理。

第五章

社会化养老服务评价

满意度表征了一种心理状态,指客户对所购买产品或者服务的总体评价。对于满意度的研究,主要集中于经济领域,用于提升产品或服务的质量,以使组织得到利益最大化。最早针对客户满意度的研究可追溯到1965年美国学者卡多佐发表的"顾客的投入、期望和满意的实验研究"。满意度研究主要融合社会学、心理学方面的理论,特别是以认知理论作为研究的理论基础。而现在的满意度研究不仅应用在经济领域,在政治领域、社会领域应用也较为广泛。在养老服务中,分析服务对象对养老机构和服务的满意度,有助于了解目前养老服务中的短板,针对性地提升养老服务质量。

本次调查按照接受养老服务的种类分为两类调查,第一类是针对机构养老服务的调查,第二类是针对社区居家养老服务的调查,社区居家养老服务包括接受居家养老、送餐服务及新沪商养老服务。调查范围集中于潍坊街道,调查对象为接受养老服务的老人,抽样方式为判断抽样。2014年11月18日,开始针对养老机构的调查,由课题组所有成员参加,并采用一对一问答式调查,共发出问卷59份,收回59份,有效问卷55份,有效率为93%。2014年11月11日—17日,展开针对社区居家养老服务对象的调查,由街道相关人员负责发放问卷填写并回收,共发出问卷209份,收回问卷209份,其中有效问卷为204份,有效率为98%。采用SPSS19.0统计工具进行问卷的统计分析。

一 机构养老服务的满意度分析

(一) 调查对象的基本特征

1. 年龄与身体状况

在 55 名调查对象中,其中男性 18 名,占 32.7%,女性 37 名,占 67.3%。如图 5.1 所示,处于 85—89 岁的老人居多,占 43.6%,其次是 80—84 岁的老人占 36.4%。养老机构由于拥有比较完备的养老设施和养

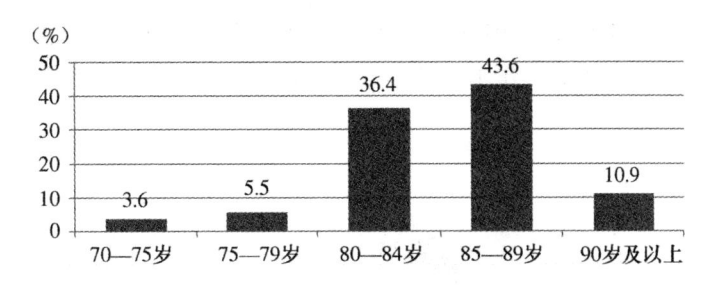

图 5.1 调查对象的年龄段划分

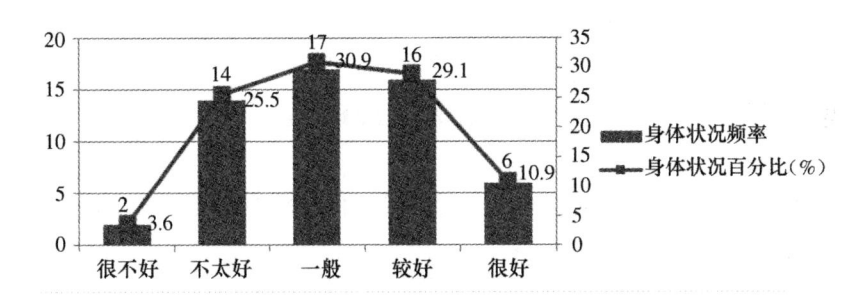

图 5.2 被调查对象的身体状况

老服务,吸引的也是高龄老人群体。图 5.2 说明大部分老人身体状况在一般以上,即 70.9% 的老人能够自理。

2. 学历与职业

调查对象的文化程度分布如图 5.3 所示,养老机构老人学历偏低,较多老人没有读书经历,这部分群体占到 41.8%,高中以上学历的老人仅占 18.2%。

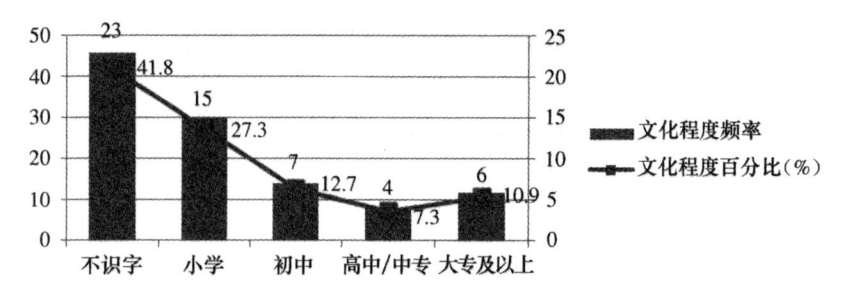

图 5.3 调查对象的文化程度

此外，调查对象中 61.8% 的老人退休前的单位是国企，也就是说，大部分老人是有较好工作单位和收入来源的。

3. 家庭状况

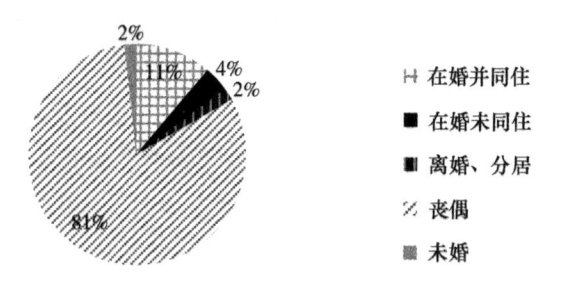

图 5.4 调查对象的婚姻状况

图 5.4 显示，81% 的调查对象都已经丧偶，即绝大部分老人是在丧偶后才来到养老机构颐养天年的。

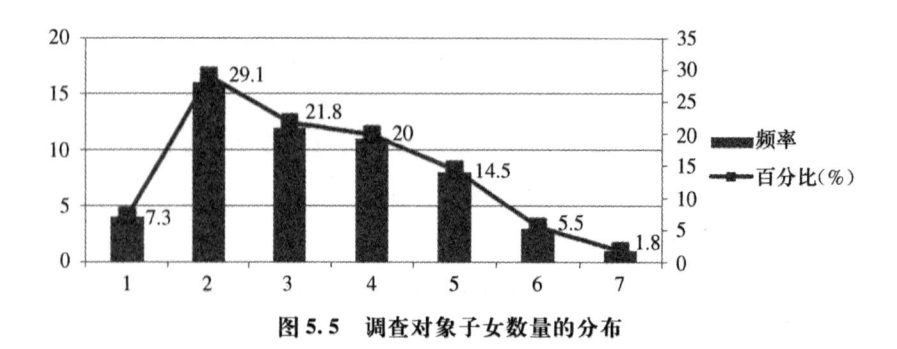

图 5.5 调查对象子女数量的分布

图 5.5 显示，调查对象子女数量基本集中在 2—5 个孩子，占据总体的 85.4%。在调查过程中也时时看到有子女前来探望和照顾老人，相较于独生子女一代，多子女的老人被子女探望和照顾的概率更大。65.5% 的老人子女每周至少来探望一次，21.8% 的老人会得到子女一天一次的看望。81.8% 的老人表示与家庭成员的关系比较亲密。

4. 收入与医疗支出

图 5.6 显示，调查对象的收入基本集中在 2000—2999 元，相较上海最低收入水平 1660 元基本属于低水平收入人群。85.5% 的人有退休金或者养老金，89.1% 的人群并未享受来自政府救助或其他家庭成员的供养，说明老人基本靠自己的养老金生活。

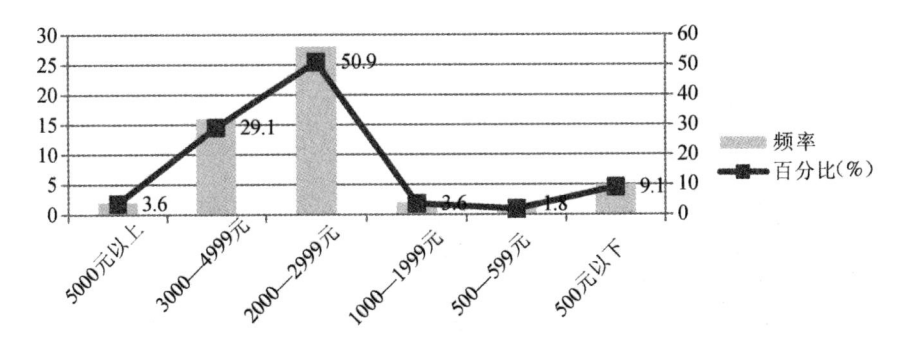

图 5.6 调查对象的收入水平

56% 以上的老人每月医疗费支出超过 300 元，70.9% 的老人医疗费靠基本医疗保险，18.2% 靠子女或者亲戚支付，6% 自付。大部分由于有基本医疗保险，基本感觉到没有负担。

（二）选择养老机构的因素

1. 选择养老院的原因

首先图 5.7 显示了被调查对象选择养老院的原因，大部分老人，约有 65% 的被调查对象因为子女无暇或者无能力照顾选择入住养老院，15% 因为养老院养老条件好入住，2% 由于与同龄人生活比较愉快而入住，2% 由于子女不愿承担养老义务而入住。

图 5.7　选择养老院的原因

2. 选择养老机构的影响因素

总体来看，选择养老院的因素由主要到次要依次是服务质量和口碑、地理位置、机构性质等因素，分别占被调查对象的 41.8%、38.2% 和 16.4%。选择其他因素的老人，部分是以子女帮助选择、单位推荐来选择合适的养老机构。

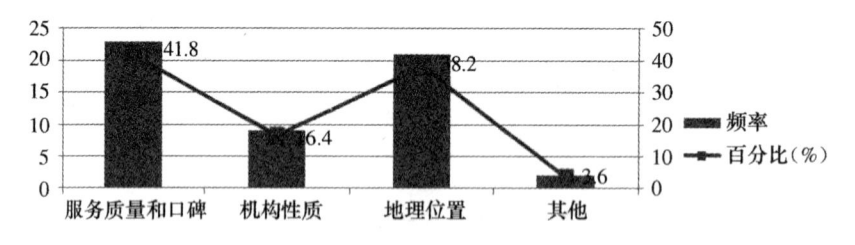

图 5.8　选择养老机构的影响因素

同时，选择养老院的影响因素在性别方面出现了差异化，如图 5.9 显示了性别与选择养老机构的因素的交叉分析结果。可见，更多的男性在选择养老机构时更加注重地理位置，更多的女性则注重服务质量和口碑因素。

调查显示，83.6% 的老人认为目前养老方式符合自己意愿。78.2% 的老人在养老院时间超过 1 年，34.5% 的人居住时间超过 5 年。

(%)

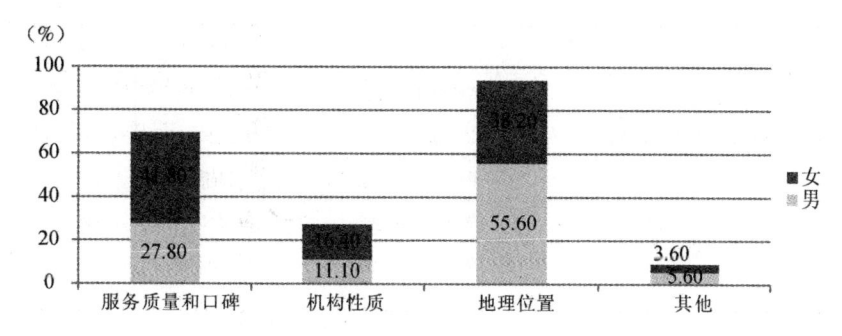

```
100
 80
 60          41.86                    36.20
 40                                          女
 20  27.80          16.40      55.60         男
  0         11.10                    3.60
     服务质量和口碑  机构性质  地理位置  其他  3.60
```

图 5.9　性别与选择养老机构的交叉影响因素

（三）对养老机构的满意度调查

1. 机构养老服务的满意度分析

本次调查在养老机构满意度评价方面共设置了 16 个相关问题，其中单项评价包含四个一级指标：医疗护理环境和设施评价、生活照料服务评价、医疗护理照料评价和其他。每个一级指标又可以划分为居住环境、日常活动设施、医疗护理设施、机构伙食、生活照料服务人员态度、护理人员态度、护理人员专业水平、心理慰藉、休闲娱乐、亲属探望、与其他老人关系、快乐评价共 12 个次级指标。前三个一级指标分别设置了一个综合评价问题，另外问卷单独设置一个老人对机构养老服务的总体评价问题。按照"非常满意 = 5，比较满意 = 4，一般 = 3，比较不满 = 2，非常不满 = 1"进行计量，得分在 1—5 分之间，得分越高说明调查对象越满意，得分越低说明调查对象越不满意。将各项分指标算术平均后的结果设置为一个新的变量"间接综合评价"，同样采用值标签为"非常满意 = 5，比较满意 = 4，一般 = 3，比较不满 = 2，非常不满 = 1"得出老人对养老服务的间接综合评价结果为 3.49，而对于服务机构的直接整体评价结果为 3.68，两者均介于非常满意和比较满意，其中 50.9% 的老人对养老机构非常满意。

表 5.1　　　　　　　养老服务满意度评价

评价项目		满意度	标准差
医疗护理环境和设施（3.67）	居住环境	3.6	0.6
	0.62	日常活动设施	3.59

续表

评价项目		满意度	标准差
生活照料服务评价（3.56）	医疗护理设施	3.53	0.63
	伙食	3.47	0.72
	生活照料服务人员态度	3.55	0.63
医疗护理照料（3.4）	护理人员态度	3.57	0.6
	护理人员专业水平	3.24	0.71
其他	心理慰藉	3.24	0.77
	休闲娱乐	3.5	0.69
	亲属探望	3.6	0.65
	与其他老人关系	3.41	0.68
	机构的快乐评价	3.54	0.63
间接综合评价		3.49	0.42
直接整体评价		3.68	0.61

但就直接整体评价而言，间接综合评价的结果3.49稍低于直接询问总体评价的结果3.68，说明直接询问访谈对象所得的整体评价反而要好一些。同样对于前三项一级指标的分指标评价的综合结果3.57、3.51、3.32，也分别稍低于各一级指标的直接评价结果3.67、3.56、3.4。这说明直接询问总体评价的结果要稍好于单项评价汇总的结果。

2. 满意度与影响因素分析

表5.2　　　　　　　间接综合评价在性别上的差异

性别		非常满意	比较满意	一般	不满意	非常不满意	合计
男	计数	6	11	1	0	0	18
	性别中的百分比（%）	33.30	61.10	5.60	0	0	100.00
女	计数	22	15	0	0	0	37
	性别中的百分比（%）	59.50	40.50	0.00	0	0	100.00
合计	计数	28	26	1	0	0	55
	性别中的百分比（%）	50.90	47.30	1.80	0	0	100.00

就性别和间接综合评价结果的交叉分析来看，总体上女性比男性的评

价要高。在居住环境、整体养老环境和设施评价、生活照料人员服务态度、生活照料整体评价、护理人员专业水平、与其他老人习惯、在机构的生活总体感受方面，男性评价均低于女性，而在其他方面的评价，男性女性的差别不大，但女性仍比男性的评价略高。表 5.2 显示女性中有较高比例对机构养老服务非常满意，而男性对养老服务的评价更多的是比较满意。一方面说明女性对事物的容忍程度要高于男性，一方面说明男性对事物的评价可能更加直接。

表 5.3　　　　　间接综合评价在身体自理状况方面的差异

		非常满意	比较满意	一般	比较不满意	非常不满	合计
完全自理	计数	23	18	1	0	0	42
	生活自理情况的百分比（%）	54.80	42.90	2.40	0	0	100.00
部分自理	计数	4	6	0	0	0	10
	生活自理情况的百分比（%）	40.00	60.00	0.00	0	0	100.00
完全不能自理	计数	1	2	0	0	0	3
	生活自理情况的百分比（%）	33.30	66.70	0.00	0	0	100.00
合计	计数	28	26	1	0	0	55
	生活自理情况的百分比（%）	50.90	47.30	1.80	0	0	100.00

表 5.3 身体自理状况与对机构养老服务评价的交叉分析显示，越是不能自理的老人对养老服务的评价越低，越偏向于低评价，而身体状况越好的老人越偏向于高评价。身体自理情况不同的老人对养老服务的需求内容和需求程度不同，身体越不能自理，需要的养老服务内容越多，需求程度越高，越缺乏与外界的正常交往，越是与服务人员接触频繁，因此对接受的服务也越不容易满足。总体而言，所有被调查对象对养老机构的服务评价均在一般以上，有 50.90% 的老人对养老服务感到非常满意。

3. 改进建议

表 5.4 显示，多数调查对象表示应该大力兴建养老机构、增加养老机

构床位,并提升从业人员整体素质。调查对象表示希望小病可以在敬老院解决,希望可以增加入住空间。

表5.4　　　　　　　　　养老机构服务对象的建议

	兴建养老机构	优化收费标准	建立监督体系	完善硬件设施	提升人员素质	其他建议	总计
N	5	1	1	2	5	28	42
百分比(%)	11.90	2.40	2.40	4.80	11.90	66.70	100.00
个案百分比(%)	13.90	2.80	2.80	5.60	13.90	77.80	116.8

二　社区居家养老服务的满意度分析

(一) 调查对象基本特征分析

1. 性别与身体状况

其中接受居家养老服务的对象有167名,其中49名是男性,占29.3%,118名是女性,占70.7%,接受新沪商养老服务的有17名,其中4名男性,13名女性,接受送餐服务的有20名,其中男性9名,女性11名。

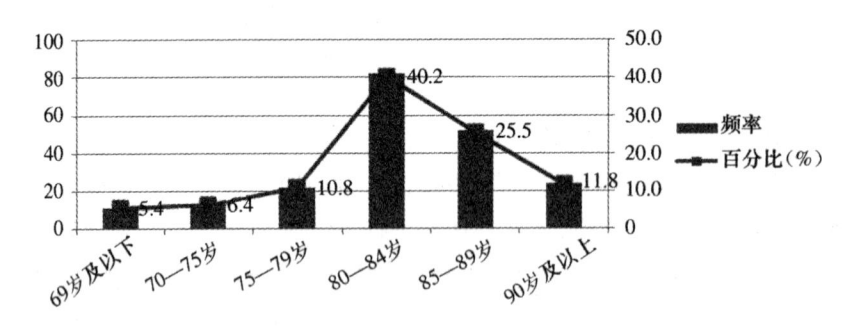

图5.10　社区居家养老服务对象的年龄分布

如图5.10,选择社区居家养老的调查对象更多集中在80—84岁之间,占40.2%。与选择机构养老的调查对象相比,选择社区居家养老方式的调查对象75岁以下老人占的比例更大为9%,而机构养老的老人

3.6%的在75岁以下，高龄段的老人在两种养老方式中相差不大。另外，调查显示，调查对象身体状态大多数人并不太好，但53.4%的人能完全自理。

2. 学历与职业

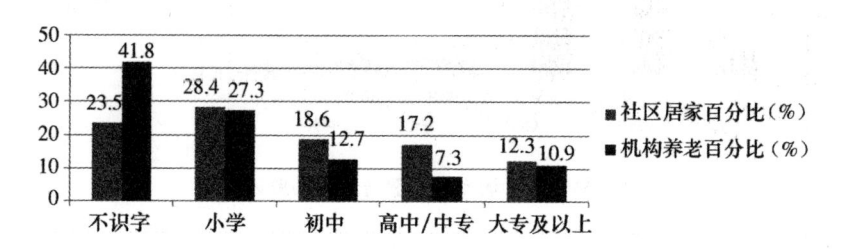

图 5.11　社区居家养老与机构养老服务对象的文化水平比较

社区居家养老的老年人文化水平分布如图5.11所示，占据最大比例的调查对象仅仅是小学文化水平，但与选择机构养老的调查对象相比，文化水平有了明显的提高。

3. 家庭状况

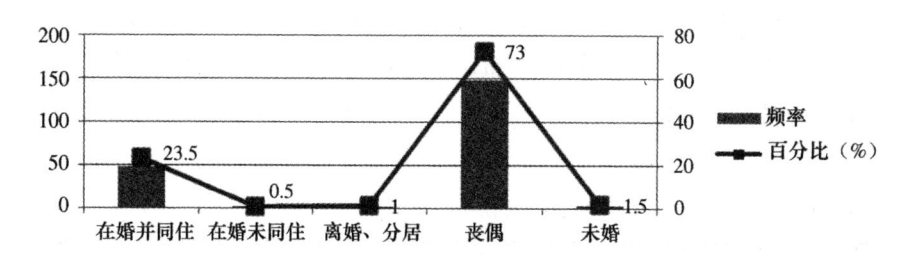

图 5.12　社区居家养老服务对象婚姻状况

如图5.12所示，调查对象中，73%的人丧偶，23.5%目前与配偶同住。同时，他们子女数量集中在1—3个。

4. 收入与医疗支出

如图5.13所示，与机构养老服务对象一致，占半数的社区居家养老服务对象月收入在2000—2999元，医疗费有70%的人每月支出100—500元，由于有83.3%的人有医疗保险，所以多数人并没有觉得医疗费是负担。无论是居家养老、新沪商养老服务还是仅仅享受送餐服务的调查对象其收入

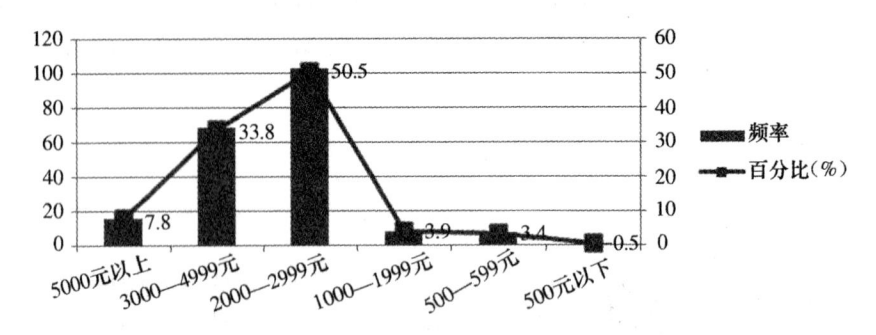

图 5.13　社区居家养老服务对象的收入水平

基本来自退休金或养老金，有小部分居家养老对象依靠家庭成员供养。总体而言，有92.8%的调查对象，其收入来源于退休金或养老金。

（二）养老方式的选择

调查显示，72.1%的人不能接受完全家庭养老方式，52.9%的人接受日托中心提供的服务，仅有20.6%的人接受居家养老服务人员上门服务，在家主要照料者为子女。86.8%认为目前的养老方式符合自己意愿。同时，表5.5显示，随着年龄的增加，人们越加偏向于选择居家养老方式，而非简单的送餐服务。

表5.5　　养老方式在年龄方面的差异　　百分比（%）

年龄		居家养老	新沪商养老服务	送餐服务	合计
69岁及以下	计数（人）	8	2	1	11
	比例	72.70	18.20	9.10	100.00
70—75岁	计数（人）	7	3	3	13
	比例	53.80	23.10	23.10	100.00
75—79岁	计数（人）	17	4	1	22
	比例	77.30	18.20	4.50	100.00
80—84岁	计数（人）	67	4	11	82
	比例	81.70	4.90	13.40	100.00

续表

年龄		居家养老	新沪商养老服务	送餐服务	合计
85—89 岁	计数（人）	45	3	4	52
	比例	86.50	5.80	7.70	100.00
90 岁及以上	计数（人）	23	1	0	24
	比例	95.80	4.20	0.00	100.00
合计	计数（人）	167	17	20	204
	比例	81.90	8.30	9.80	100.00

（三）社区居家养老服务满意度分析

为了得出调查对象对养老服务的满意度，由生活照料方面养老服务满意度、精神慰藉方面满意程度、医疗护理方面满意度、服务态度满意度、服务专业满意度、服务方式满意度、服务流程规范性满意度、服务结果满意度、服务机构或组织的评价、对接受的养老服务感到是否公平共计 10 个指标，分别按照"非常满意 = 5，比较满意 = 4，一般 = 3，比较不满 = 2，非常不满 = 1"进行计量，得分为 1—5 分，得分越高说明调查对象越满意，得分越低说明调查对象越不满意，之后取 10 个指标的算术平均值得到服务对象个体的间接综合满意度评价，为便于分析此结果与其他变量之间的关系，设置"间接综合评价"变量用以表示，变量值标签仍然采用"非常满意 = 5，比较满意 = 4，一般 = 3，比较不满 = 2，非常不满 = 1"，通过描述分析得到如下表所示的频率表。

表 5.6　　　　　　　　个体对养老服务的间接综合评价

评价	频率	百分比（%）	有效百分比（%）	累积百分比（%）
非常满意	78	38.2	38.2	38.2
比较满意	114	55.9	55.9	94.1
一般	10	4.9	4.9	99
比较不满意	1	0.5	0.5	99.5
非常不满意	1	0.5	0.5	100
合计	204	100	100	

表 5.6 显示，有 38.2% 的服务对象感到非常满意，有 55.9% 的服务对象感到比较满意，感到不满意的服务对象仅仅占到 1%，说明社区居家养老服务质量较好。此外，问卷设计了一个直接询问对养老服务评价的问题，得到如下结果，如表 5.7 所示。

表 5.7　　　　　　　　　服务对象的直接整体评价

评价	频率	百分比（%）	有效百分比（%）	累积百分比（%）
非常满意	72	35.3	35.3	35.3
比较满意	121	59.3	59.3	94.6
一般	9	4.4	4.4	99
比较不满意	1	0.5	0.5	99.5
非常不满意	1	0.5	0.5	100
合计	204	100	100	

以上两个表格比较而言，通过指标计算后的整体满意度略好于直接询问老人对养老服务的整体印象。

具体分析，将居家养老、新沪商养老服务、送餐服务分别作为三种不同的社区居家养老方式，分别计算其包括将三者综合的社区居家养老服务的间接综合评价和直接整体评价结果，得到下面表格（结果均保留两位小数）。

表 5.8　　　　　　　　　社区居家养老服务满意度评价对比

评价项目	居家养老	新沪商养老服务	送餐服务养老	社区居家
生活照料	3.38	3.18	3.15	3.34
精神慰藉	3.22	3.47	2.20	3.14
医疗护理	3.15	3.12	2.45	3.08
服务人员态度	3.57	3.24	2.90	3.48
服务人员专业性	3.41	3.24	2.80	3.34
服务方式满意度	3.41	3.18	2.60	3.31
服务流程规范性	3.30	3.18	2.65	3.23
服务结果满意度	3.37	3.35	2.75	3.30
服务机构或组织	3.35	3.29	2.85	3.30

续表

评价项目	居家养老	新沪商养老服务	送餐服务	社区居家
对接受的养老服务感到是否公平	3.36	3.06	2.80	3.28
间接综合评价	3.35	3.23	2.71	3.28
直接整体评价	3.43	3.12	2.70	3.33

从表 5.8 可见，居家养老方式和社区居家养老的间接综合评价低于直接整体评价。而送餐服务和新沪商养老服务这两种方式的间接综合评价得分高于直接整体评价结果说明，与居家养老方式相反，送餐服务和新沪商养老服务等两种养老服务方式间接综合评价好于直接整体评价结果。单向评价的综合结果显示，居家养老满意度最高，其次是新沪商养老服务，再次是送餐服务方式。其中居家养老中的服务人员态度、新沪商服务中的精神慰藉、送餐服务的生活照料满意度较高。相比之下，送餐服务的各项指标评价结果差于居家养老和新沪商养老服务。居家养老和新沪商养老服务、社区居家养老的间接评价综合结果介于非常满意和比较满意之间，送餐服务的间接综合评价结果介于比较满意和一般之间，说明调查对象对送餐服务的评价最差。

同时用养老方式和间接综合评价进行交叉分析如表 5.9 所示。不难发现，选择居家养老方式的老人满意度最高，其次是接受新沪商养老服务的老人，最后是接受送餐服务的老人。

表 5.9　　　　　　　　间接综合评价在养老方式方面的差异

		非常满意	比较满意	一般	比较不满意	非常不满意	合计
居家养老	计数	71	90	6	0	0	167
	居家服务种类中的百分比（%）	42.50	53.90	3.60	0.00	0.00	100.00
新沪商养老服务	计数	5	12	0	0	0	17
	居家服务种类中的百分比（%）	29.40	70.60	0.00	0.00	0.00	100.00
送餐服务	计数	2	12	4	1	1	20
	居家服务种类中的百分比（%）	10.00	60.00	20.00	5.00	5.00	100.00

续表

		非常满意	比较满意	一般	比较不满意	非常不满意	合计
合计	计数	78	114	10	1	1	204
	居家服务种类中的百分比（%）	38.20	55.90	4.90	0.50	0.50	100.00

间接综合评价与其他因素的交叉分析显示，间接综合评价与其他如年龄、婚姻状况、身体自理情况等没有明显的差异。但其结果与陪聊频率的交叉分析，可以得到两者的关系如下：

表 5.10　　　　　　　　间接综合评价在陪聊频率方面的差异

陪聊频率		非常满意	比较满意	一般	比较不满意	非常不满意	合计
每天一次	计数	37	34	1	0	0	72
	服务人员陪聊频率中的百分比（%）	51.40	47.20	1.40	0.00	0.00	100.00
每周至少一次	计数	33	62	4	0	0	99
	服务人员陪聊频率中的百分比（%）	33.30	62.60	4.00	0.00	0.00	99.9
每月至少一次	计数	4	7	2	1	0	14
	服务人员陪聊频率中的百分比（%）	28.60	50.00	14.30	7.10	0.00	100.00
每月不到一次	计数	0	1	0	0	0	1
	服务人员陪聊频率中的百分比（%）	0.00	100.00	0.00	0.00	0.00	100.00
从不	计数	4	10	3	0	1	18
	服务人员陪聊频率中的百分比（%）	22.20	55.60	16.70	0.00	5.60	100.1
合计	计数	78	114	10	1	1	204
	服务人员陪聊频率中的百分比（%）	38.20	55.90	4.90	0.50	0.50	100.00

注：spearman 相关性值 $=0.258$，近似值 sig. $=0.00<0.05$。

如表 5.10 所示，陪聊频率和满意度之间有一定的相关关系，陪聊频率越低，间接综合评价得分越低，意味着陪聊频率越低，间接综合评价越差。说明老人除了基本的物质需求，也比较看重精神需求。

养老方式不符合自己意愿，原先由新沪商提供服务的老人均希望能够享受居家养老服务，这说明居家养老服务具有重要地位。

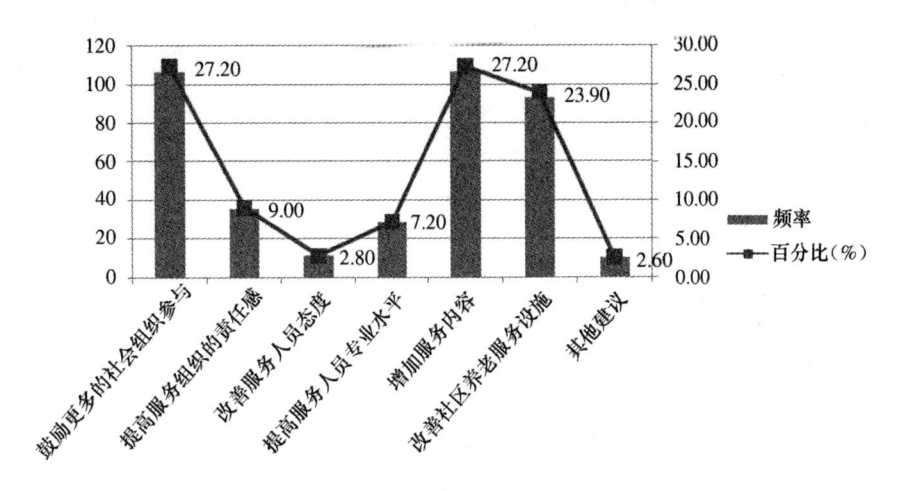

图 5.14　针对养老服务的改进建议

图 5.14 所示，27.2% 的老年人希望能够鼓励更多的社会组织参与养老并增加养老服务的内容，23.9% 的老年人希望改善社区养老服务设施。更多社会组织的参与能够促进养老服务提供者的竞争意识，促进养老服务质量的提升。老年人对养老服务的需求注重的是实用性，而非富丽堂皇的设计。

三　调查结论

表 5.11 显示了机构养老和社区居家养老服务在相同因素方面的比较结果。

表 5.11　养老方式各因素的均值比较

	机构养老	标准差	社区居家养老	标准差
性别	1.67	0.47	1.70	0.46
年龄	4.53	0.90	4.09	1.25

续表

	机构养老	标准差	社区居家养老	标准差
文化程度	2.18	1.35	2.66	1.34
婚姻状况	3.59	1.02	3.28	1.30
子女个数	3.29	1.45	2.67	1.28
退休前单位	2.44	1.44	2.34	1.33
月收入	2.98	1.19	2.63	0.86
身体状况	3.18	1.06	2.73	0.84
生活自理情况	1.29	0.57	1.49	0.62
每月医疗费支出	4.24	1.84	3.90	1.36
支付医疗费方式	1.69	1.12	1.43	1.08
医疗负担	2.05	0.73	2.41	0.84
直接整体评价	3.67	0.61	3.28	0.62
间接综合评价	3.49	0.54	3.31	0.63

（一）个体特征比较

无论是机构养老还是社区居家的养老服务对象，女性均占据多数，分别占 67.3% 和 69.6%。机构养老服务对象平均年龄 84.93 岁，略大于社区居家养老服务对象平均年龄 82.46 岁，同时前者的子女数量略多于后者，前者文化水平均值为 2.18，略低于后者（2.66）。前者收入水平和医疗费支出水平都高于后者。

（二）服务方式的选择比较

养老机构服务对象在选择机构时更加注重服务质量和口碑以及机构的地理位置，男性更注重地理位置，女性更加看重服务质量和口碑因素。社区居家养老服务对象中绝大部分不能接受完全家庭养老，半数人接受日托中心提供的服务，仅有少部分人接受居家养老服务人员上门服务。两种方式中，超过 80% 的服务对象均认为目前的养老方式符合自己意愿。

（三）服务对象满意度比较

机构养老与社区居家养老服务相比较，前者服务对象直接的整体满意度评价（3.67）、间接综合评价（3.49）均分别高于后者服务对象的

直接整体评价 (3.28) 和间接综合评价 (3.31)。说明养老机构服务对象更加满意于其接受的养老服务。就单项评价而言，机构养老服务对象对机构居住环境和亲属探望次数最为满意，社区居家养老服务对象对服务人员的态度最为满意。男性与女性相比，女性对养老服务的整体评价更高。

四 对策与建议

(一) 遵循生理特点，改善养老服务设施

目前潍坊街道的社区居家养老服务中心以及养老院养老设施日渐齐全并日渐符合老年人的特点。老年人和年轻群体不同，他们的生理机能日渐衰老，所需要的生活服务设施应该根据其生理特点进行设置。如楼梯的把手、卫生间的扶手、床的高度、健身设施等应该根据老年人的身体特点而设置。因此，街道应力求在养老服务设施方面更加完善，符合老年人的生理特点。

(二) 重视个性需求，增加养老服务内容

老年人除了其群体特点之外仍有个性化的需求，马斯洛需要层次理论提倡管理者应该从满足人的需求方面进行激励式管理。老年人的需求也是多种多样的，调查发现，部分老人有增加服务内容的需求，认为目前的服务项目少，不能很好地满足他们的需求。

(三) 加强多方培训，提升养老服务质量

调查结果显示，潍坊街道各项服务质量评价比较高，但离服务对象的要求还有一定的距离。应当通过各项培训，提高服务质量。首先加强养老服务机构管理人员的培训，树立服务至上的理念。其次加强养老服务人员的培训。养老服务人员是与老人面对面接触的，其服务素质和服务态度直接影响到老人享受养老服务的质量。

(四) 加大财政投入，增加养老服务机构

2009—2014 年街道用于日常养老服务的实际支出分别达到 440 万元、

550万元、790万元、1239万元、780万元、663万元，养老服务的硬件和软件水平不断提升。同时调查显示，部分老人认为，随着老龄化的进一步加深，目前的养老服务机构比较少，存在"一床难求"现象。应继续加大财政投入，按照比例设立相应数量的养老服务机构。

(五) 鼓励社会参与，促进行业良性竞争

应该提倡和鼓励社会组织参与养老，目前，潍坊街道社会组织服务中心承担了帮助政府培育社会组织的任务，包括社会组织的管理服务和培训。街道向社会组织购买各项服务，既减轻了政府的负担，还原了政府应有的职责，又能为社会提供更加专业的养老服务。养老是一项大事业，不能仅仅依靠政府，社会组织的参与会激活现有的养老服务机构的活力，提高各养老组织的竞争力，促进养老服务质量的提升。

第六章

"社会化养老服务"行进中的国家与社会

每个社会都包括以某种独特方式互动的三个领域：国家、社会、市场，此乃人类共同体研究的三元分析模式。三个领域有着各自不同的运行机制，其主要体现为活动主体、活动产出、资源渠道、组织目标等方面的差异。国家领域以强制机制为基础，社会领域以自治机制为特色，市场领域以竞争机制为前提。然而，对于传统养老服务领域，却难以达成三元分析模式，因为那时的养老服务更多是一种私人的事情。随着工业文明的转型，养老服务或将成为家庭、政府、社会组织、企业等多元主体参与的合作事业。

实践中，我国养老服务经历了传统的家庭养老模式、城市政府全能主义的大包大揽模式，以及即将形成的多元主体（家庭、政府、企业、社会组织）互动的合作模式。当前，在家庭养老的基础上，我国正在形成的合作供给模式，更多是政府与社会组织之间的合作，甚或仅仅是二者之间的互动。即便企业参与，也是借助社会组织的平台市场机制的作用非常微弱。国家、社会、市场等三元合作的供给模式尚未真正形成。基于此，本章将主要针对国家与社会之间的关系，展开相关问题的探讨。

一 相关背景

社会化养老是现代化转型的必然产物。在传统农业社会，人的生老病死等一切事宜都由家庭来解决，因为家庭的经济功能相对齐全，具备解决问题的能力。随着工业化大生产的到来，城镇化步伐不断加快，农业人口的流动性日益加剧，农民失去了土地成为自由流动的商品化劳动力，家庭小型化和代际分居趋势日益明显，家庭养老变得不再可靠，且面临巨大挑战。同时，政府在经历全能主义到有限政府的转型后，也难以独立承载全面的养老服务。可见，养老不再是家庭内部或政府单方的事情，其正在演变成为社会问题，迫切需要社会各方承担起养老责任，社会化养老便应运而生。为此，我国在20世纪80年代提出了"社会福利社会办"的思想，并于21世纪初期陆续出台了各类规范性文件，以推进社会化养老服务事业的发展。

"十二五"期间是上海市进入人口老龄化的加速发展期，老年人口总量急剧增加。截至2015年年底，上海60岁及以上老年户籍人口已达435.95万人，占总人口的30.2%。上海作为我国第一个步入人口老龄化的城市，高龄化、少子化、空巢化、失能化等问题日益凸显，传统的养老服务模式面临严峻挑战。事实上，上海市政府虽然较早关注养老服务社会化，但真正涉及社会化养老是在2001年之后。所以，在此之前，就养老服务供给而言，政府与社会的角色基本是合一的，甚或是政府的力量覆盖了社会，社会力量没有得以呈现。随着上海老龄化程度的不断推高，养老服务需求人数逐年增加，服务内容也日益多元化，这使任何单一力量都难以为继。为了提升养老服务供给能力，21世纪初上海市先后出台了有关社会化养老的一系列优惠政策，推出了社会化养老服务体系建设的意见。这为上海市养老服务社会化的真正落实提供了动力，也为进一步厘清政府和社会在养老服务供给中的应有角色和职能奠定了良好的制度基础。实践表明，上海养老服务模式在经历了传统的家庭养老之后，更多是政府主导的养老服务模式在发挥作用，政社合作的养老服务模式是近年来的各种压力所致，它也势必成为上海乃至全国养老服务发展的未来模式，这已成为基本共识。

社会化养老的有效推进，需正确处理国家与社会之间的关系（即政社关系）。在养老服务模式变迁的背后，国家与社会之间究竟存在怎样的关系，其内在的形成机制是什么？围绕此问题，我们将从宏观层面梳理国家与社会关系演变的理论模式，进而借助上海市潍坊街道的实例展开剖析，分析上海社会化养老服务中的国家与社会关系模式。为社会化养老的良性发展提供理论支持，也为养老服务语境中的国家与社会关系探讨做出努力。

二 理论视界中的国家与社会

(一) 西方国家与社会关系的理论模式

自国家产生以来，国家与社会的关系问题便始终具有流变性和复杂性。由于经济社会的发展程度不同，人们面临的挑战不同，个人与自然、社会的关系也就不一样，进而国家对社会的影响或控制就会存在明显的差异性。国家与社会作为人类社会发展的两级，其在不同时期不同地域都有自身的特征，然而这些特征一旦被人们的观念所固化，便形成对国家与社会关系的不同理解，进而演化为不同的理论模式。纵观西方视野中的相关探讨，可谓众说纷纭，莫衷一是。然而，极具影响力的系统研究，当数基恩（John Keane）归纳的五种国家与社会关系模式。以下我们将在介绍这五种模式的基础上，对西方国家与社会关系做进一步梳理。

基恩归纳的五种国家与社会关系模式为[①]：第一，安全国家模式。这是霍布斯的国家观，其强调国家具有合法性的无限权力，不存在国家的限度讨论，独立于国家之外的自由领域（社会）也是有助于国家统治的领地，因而国家与社会几乎完全是同义的。第二，立宪国家模式。洛克认为，国家主权不受限制可能会被滥用而且相当危险，因为它与法律保障的私人自由不相符合。当国家的行为与人民相违背时，人民可以依法反抗或推翻政府当局。第三，最小限度国家模式。这是潘恩分析的国家与社会关系模式。在此模式中国家被视为一种必要的邪恶，自然则被视为一种绝对的良善，合法的国家只不过是一个为了社会的公共利益而进行的权力委托。一个越多自我调节而越少需要政府的社会，就是越完美的市民社会。第四，普遍国家模式。黑格尔认为不得抹杀国家与社会的分立，市民社会自身存在无法克服的内在冲突和分裂，只有最高的公共权威（国家）才是各种特殊利益整合的力量，但是国家干预的合法性必须是基于对社会公平正义和民众普遍利益的保护。第五，民主国家模式。托克维尔在讨论国家与社会的关系模式时强调，独立于国家之外的自组织的市民社会是民主不可缺少的条件，没有社会制约的国家权力是危险的，现代社会的危险往

---

① John Keane, *Democracy and Civil Society*, Vesso, 1988, pp. 36—57.

往在于作为整体社会的政治机构（国家）过于强大。事实上，这五种模式反映了三种形式的国家与社会关系："强国家弱社会"，如安全国家模式和普遍国家模式；"强社会弱国家"，如立宪国家模式和最小限度国家模式；基于折中路径的"国家与社会融合"，如民主国家模式。基恩的这五种关系模式，更多是基于微观国家角色的分析。然而，就宏观视角的分析而言，前两者都是单向度的分析模式，即仅仅强调国家或社会的单一力量，而后一种则是双向度的分析模式。

就宏观视角分析的总体情况而言，国家与社会之间呈现的关系模式，一般认为主要有三种：国家与社会的合一、国家与社会的对立、国家与社会的融合。首先，"国家与社会的合一"，表现为社会包容国家或国家吞并社会。社会包容国家，在古希腊时期得到了充分体现，因为其所谓的"城邦"就是"共同生活"（亚里士多德）[①]，社会与国家在本质上是同构的，城邦国家就是一种高级完善的社会。而国家吞并社会则是进入中世纪后封建专制时代的特征。当王权成为国家的最高权威，便开始了国家对社会的全面渗透，政府无所不能，国家是社会利益的唯一代表，社会湮灭于国家之中，社会存在即是国家存在。

其次，"国家与社会的对立"，表现为社会优于国家或国家高于社会。社会优于国家为市民社会理论所倡导，如洛克、孟德斯鸠、卢梭等。强调国家权力来自人民权利的让渡，其最后的主权属于人民，国家只是社会的工具，社会先于国家并决定国家，政府只是一种必要的"恶"。国家高于生活的模式在黑格尔的研究中已提及，他认为国家和社会是两个完全不同的领域，市民社会的目的是个人的或特殊的，而国家代表更高的普遍性目的。个人为了国家的普遍目的而存在，所以国家高于社会。

最后，"国家与社会的融合"，体现为国家社会化与社会国家化的双向运动。它是现代国家发展的基本趋势，强调国家与社会的边界模糊，国家与社会相互交错。无论是资本主义国家还是社会主义国家，我们都能看到国家与社会两种力量的交叠与互动，当前第三部门在全球的兴起与发展便是很好的例证。国家与社会的良性互动，或将成为经济社会发展不可或缺的支撑力量，这对我国而言尤其关键。

[①] 萨拜因：《政治学说史》（上），商务印书馆1986年版，第128页。

(二) 国家与社会关系的中国面相

"国家与社会"理论,自 20 世纪 90 年代以来开始为国内学者所关注,并一度掀起了一股研究热潮。结合我国政治社会结构的变迁,研究者针对不同历史时期,提出了多种理论分析模式,其中较有影响的是:国家与社会的一体化模式、国家对社会的支配模式、国家与社会的互动模式。前两者是基于现实社会的模式概括,最后一种模式更多是基于未来发展趋势的模式愿景。

1. 国家与社会的一体化模式,是全能主义时代国家与社会关系的表征,即国家对社会实施全面控制,国家与社会合而为一,即"国家中的社会"并未分化出来。该模式的核心机制是控制,即国家对社会实施全面控制,甚至吞没了整个社会领域。在政治权力格局中,国家占绝对主导地位,社会完全没有独立性和自主性,社会的功能基本被忽略。在全能主义政治体制下,国家权力可以随心所欲地侵入社会的每个角落,社会生活高度政治化和国家化,国家与社会的关系呈现一体化模式[①]。该模式并非"强国家弱社会"的关系形式,而是具有高度重叠的"同质性"结构。国家权威资源的高度集中,使得社会组织的类型单一、行动举步维艰,社会组织与政府之间具有明显的行政隶属关系。该模式更适于阐释新中国成立至改革开放这段时间的国家与社会关系。在此之后,我国的国家与社会关系或许是在一体化模式中前行。

2. 国家对社会的支配模式,是改革开放后的国家与社会关系模式,国家与社会的分离(或分化)是其理论分析的前提,但"分离"并非"对立",其核心机制是控制或支配,社会组织具有半独立和半自主等特征,在国家支配下通过有限合作供给公共服务。在政治权力格局中,国家依然占主导地位,社会领域的活动在政府引导下开展,具有一定的被动性。就已有的理论概括而言,国家对社会的支配形式各异,比较典型的有分类控制模式、控制与支持模式、依附式自主模式。其一,分类控制模式是康晓光等人通过考察国家对社会组织的实际控制提出的多元化控

---

① 邹谠:《二十世纪中国政治:从宏观历史与微观行动的角度看》,(香港)牛津大学出版社 1994 年版,第 7 页。

制体系①,"行政吸纳社会"是其表现形式。国家之所以对社会组织采取分类控制,原因在于政府提供公共服务的能力有限,国家为了更好地履行公共服务职能,会根据社会组织提供公共物品的性质选择相应的控制手段。该模式依然是国家控制公共领域,但是国家对社会不再实行全面干预,允许有限的结社自由,社会拥有一定的表达空间和自主性。其二,控制与支持模式是陶传进基于国家与社会之间的"双轴关系"而提出的新模式,即在国家与社会的权力控制关系之外,还存在着国家使用公共权力对社会的支持与帮助②。该模式突破单一的控制维度,提出了国家与社会之间存在的双重关系模式,开辟了国家与社会理论认知的新空间。但本质上国家还是权力的主导者,"支持"并不意味着真正放权,而是缓解矛盾的权宜之计。其三,依附式自主模式是王诗宗、宋程成等人基于"独立性和自主性"二维视角提出的国家与社会关系新模式③。该模式认为,我国社会组织的总体特征难以体现单纯的独立或者自主,社会组织的实际情况及其面临的社会环境,迫使其在方方面面对国家有所依赖,然而这些组织可能享有各种实际的自主性。同样,该模式中国家依然是政治权力格局的主导者,因为社会领域的自主性是基于其有限的独立性而存在的,但国家与社会之间已呈现出"互动"的影子。

以上三类关系之所以归属"支配模式",是因为国家在政治权力格局中均处于主导地位,国家对社会的支配或控制是二者关系的核心机制。随着国家分权体系的完善,国家对社会的控制力度将逐步削弱。虽然社会已从国家中分离出来,国家处于权力的控制地位,但是二者之间并非零和博弈。

3. 国家与社会的互动模式,是指国家与社会之间存在交错融合的关系,而非完全同构或是零和博弈的对抗关系。该模式是我国国家与社会关系的理想模式或发展趋势,其强调国家与社会关系的良性互动,协商与合

---

① 康晓光、韩恒:《分类控制:当前中国大陆国家与社会关系研究》,《社会学研究》2005年第6期。
② 陶传进:《控制与支持:国家与社会间的两种独立关系研究——中国农村社会里的情形》,《管理世界》2008年第2期。
③ 王诗宗、宋程成:《独立抑或自主:中国社会组织特征问题重思》,《中国社会科学》2013年第5期。

作是其核心机制，国家虽然是政治权力的主导者，但国家已开始向社会领域放权，社会具有结构上的独立性和运作上的自主性，国家与社会合作供给公共服务。其具代表性的理论概括模式有：市民社会模式和法团主义模式。其中，市民社会模式，是特指邓正来在批判吸收西方市民社会理论的基础上讨论的国家与社会关系模式①。该模式强调社会是独立于国家之外的领域，具有自由结社、多元竞争的特点，在权力分配格局中，社会也主动占据了一席之地，与国家分享权力。该模式认为，我国在以人为本的未来社会里，国家与社会的关系将颠覆传统的权力格局，实现二者之间的互动与合作，平等与协商也将成为二者互动的主要机制。另外，法团主义模式，是张静借助西方学者讨论的结果，所提倡的国家与社会关系模式②。该模式强调国家与社会之间的合作、互动和沟通，不主张社会领域独立于国家之外，因为社会领域的独立性在当代中国并不存在。该模式认为，公民虽然享有更为充分的自由结社权利，社会组织的自主性会更大，但是社会组织不应有多元竞争，其强调功能性组织的垄断性。比较而言，两种模式都强调国家与社会的互动，但显然法团主义模式在中国体制下的适应性比市民社会模式更强。

总之，以上模式的关系演变似乎呈现出了一条连续的线谱：合一——分化—交叠。混沌状态下的"合一模式"是国家与社会的一体化，即社会被国家淹没，改革开放前的国家与社会关系便是如此。随着经济社会的发展，国家将部分公共服务职能转移给社会，于是社会作为一个具有担当的主体开始从国家中分化出来，在国家引导下分担公共事务。这便是改革开放后国家与社会关系的支配模式。进而，随着各项制度体系的完善，社会功能的发挥，不仅需要独立的担当力，而更重要的是社会潜能的有效发挥。为此，国家与社会之间并不存在对抗和冲突，而是一种相互制约而又相互合作、相互独立又彼此依赖的辩证关系。虽然此时的社会仍然不可能完全独立于国家，但它应该是更具自主性和担当力的主体，同时，二者之间的"合作"前提在于国家与社会之间皆有清晰的职能定位与活动空间，以及社会组织自身的强大。这也是国家与社会关系发展的未来趋势，即强

---

① 邓正来：《国家与社会——中国市民社会研究》，北京大学出版社2008年版。
② 张静：《法团主义》，中国社会科学出版社2005年版。

国家强社会模式。

表 6.1　我国不同时期的国家与社会关系模式比较

基本类型 比较内容	一体化模式	支配模式	互动模式
关系状态	融合	分离并非对立	交叠
核心机制	控制	控制和支配	协商和合作
权力格局	国家占主导地位	国家占主导地位	国家引导并向社会放权
结构的独立性	不独立	半独立	独立
运作的自主性	无自主	半自主	自主
服务供给方式	国家包揽	国家支配下的供给	合作供给
典型时期	改革开放前	改革开放后至今	未来

三　国家与社会关系的微观考察：潍坊街道社会化养老

理论需联系实际，才能体现其价值所在。基于理论模式观照下的潍坊街道社会化养老服务实践，是否存在以上某种国家与社会关系模式？这种国家与社会关系内在的运作机制是什么？其处于我国国家与社会关系模式连续线谱的哪个位置？以下将结合案例，展开问题的分析。值得注意的是，这里的"国家"是指政治权威的代表（即各级政府），包括街道办事处、市区政府、中央政府，本研究多指最直接的基层政府——街道政府。而"社会"泛指非政治权威影响的所有领域或力量，包括社会组织、家庭、社区、个人，甚至企业等，只要具备非政府特性的力量，均属于我们讨论的社会范畴，本研究主要涉及社会组织、企业和居民，尤其是前者。企业之所以作为社会力量讨论，原因在于企业在潍坊街道社会化养老模式中，更多借助社会组织（如联合会、基金会）的平台参与进来，其基本的运作机制仍然属于自治机制，而非竞争机制。

（一）潍坊街道社会化养老服务模式回顾

潍坊街道是浦东新区乃至上海市老龄化程度较高的社区。在高压的老龄化背景下，街道党工委、办事处始终坚持以人为本，民生优先，积极探索，勇于创新，致力于营造一个投资主体多元化、服务对象普及化、服务方式多样化、服务队伍专业化的社会化养老服务体系，以最终形成多元参与、合作互动的养老服务供给模式。理念如何付诸实践，潍坊街道并非纸上谈兵。在潍坊街道社会化养老服务事业的推进中，政府引导是基础，多元参与是核心，思维创新是动力。其中"政府引导，多元参与"是潍坊街道社会化养老服务模式的总体特征。

1. 就政府行动而言，潍坊街道一直以来很重视养老服务事业的发展，并于2007年开始从制度上推进这项工作，制定了相应的发展规划，并逐年加大用于养老服务的财政投入，积极引入社会资源，不断提升服务能力。2011年街道领导在充分调研的基础上，提出建构全覆盖、多选择的社区养老服务发展规划，并对规划任务进行分解，实施目标责任制，将各项任务落到实处。近年来潍坊街道养老服务支出逐年提升，社会化养老服务的软硬件水平不断提升。同时，街道领导强调最大限度的整合资源，引导各方力量广泛参与，满足多元化的服务需要。尤其是在制度平台、人力、物力、财力等方面给予了大力支持，并着力培育了一批社会组织，以着实推进社会化养老服务事业的发展。其中，新沪商、伙伴聚家、馨丰为老服务社等社会组织，在浦东乃至上海都是极具影响力的典范。另外，潍坊街道非常关注服务能力的提升和管理手段的创新。立足老人实际需求，针对服务人员或管理者开展定期或非定期培训，不断提升专业化水平；积极探索资金渠道的多元化，保证服务项目的推进；善于管理手段创新，引入科技手段助老服务，弥补硬件设施增量有限等问题。值得注意的是，在潍坊街道养老服务合作供给实践中，政府处于明显的主导地位，体现了政府较强的控制意识。这与我国的总趋势基本一致。但是，除此之外，政府也对社会组织给予大力的扶持和帮助。因此，在潍坊街道社会化养老服务中，政府扮演了较为复杂的角色，即主导、控制，抑或引导、支持。

2. 就社会组织力量而言，潍坊街道在引入社会组织方面非常得力，目前参与社区为老服务的涉老组织已有20多家，7个老年日间照料中心均以项目委托方式实行政府购买服务，已形成了一支200多人的全职为老服务专业队伍。潍坊街道的为老服务组织主要有三类，即政府主办的社会组织、政府培育的社会组织、草根社会组织。（1）政府主办的社会组织

(GONGO)，是政府为剥离部分养老服务职能通过注册登记成立的，其人、财、物等全部来自政府支配，其法人属于事业编制，实质上就是政府的职员。如潍坊街道为老服务工作站、潍坊街道居家养老服务中心、潍坊街道社会组织服务中心等，均属于官办的为老服务社会组织。此类组织通常代替政府行使部分为老服务管理职能，它是政府最可靠的代理人，某种意义上也是政府的一条腿。这是我国在经历全能主义时代之后，国家与社会关系在转型初期的选择，即它是在国家放权后发展社会领域的一种典型模式，控制是其核心机制。（2）政府培育的社会组织（GCNGO），是由潍坊街道社会组织服务中心孵化培育的，其成立初期在基础设施、财力、技术等方面受助于政府。如潍坊街道雨泽社区服务中心、潍坊街道馨丰为老服务社、利峰为老服务社等，均属于此类。此类社会组织深受政府信任，其主要借助政府委托的服务项目运作，组织法人多为政府部门的"老熟人"（如退居二线的社区工作人员），其与政府之间的合作相对融洽和愉快，但同时它也会受到政府的更多约束，其潜在的竞争意识和创新性不强。此类社会组织的形成，同样也受我国社会领域发展不成熟的大环境影响。因为政府要简政放权，转变公共服务职能，急切需要更可靠和更可信的承接者（即服务供给者），而企业和草根组织的可信度难以保证，于是政府将通过扶持、帮助、引导的方式培育社会组织。可见，控制和支持将同时成为此类社会组织与政府关系的维系机制。（3）草根型社会组织（GRNGO），是体制外公民依靠自己的力量成立的，组织法人在成立之前不属于体制内人员，它是完全外生的。其具有萨拉蒙所说的非政府组织的大部分特征，即组织性、民间性、非营利性、自治性、志愿性等。参与潍坊街道社会化养老服务的有：上海伙伴聚家养老服务社、上海南鑫凯尔养老事业发展中心、上海手牵手生命关爱中心、新沪商联合会、上海知了公益文化发展中心等，均属于草根型社会组织。基于此类组织与政府关系的零基础，获得政府的信任对它们而言很关键。为此，它们将会通过提升自己的专业能力、服务水平、管理创新等来获得更多认可。同时，草根型组织具有前瞻性的服务理念，崇尚市场机制，以老人满意度为导向，强调平等竞争。因此，在与政府合作的过程中，它们与政府之间更多是平等互动的关系，其合作的主要机制有引导、支持和协商等。当然，对于缺乏体制内庇护的草根组织而言，也将面临更大的压力，但在我国市场经济纵深推进或市场成熟后,会有更大的发展空间。

3. 就企业行动而言,潍坊街道社会化养老模式的一个亮点在于引入企业参与合作,企业的积极参与,在资金短缺、服务专业化、满足多元化需求等方面发挥了较大的作用。其中,参与合作的企业有两类:投资型企业和服务型企业。投资型企业主要以资金投入方式参与潍坊街道养老服务实践,其中大部分是借助新沪商联合会的平台发挥作用的。此类企业在与政府合作的过程中,具有更大的主动性和自主性,其在服务理念、运作机制、体系设计、预算支出等方面具有绝对的话语权,政治权威在此合作中处于被动地位。可见,在此类企业与政府的合作中,社会力量的主导地位明显,自主性更强。当然,也不排除企业合作的其他意图,但至少优先保证了合作的公益性目的。另外,服务型企业,则是通过提供具体的为老服务参与潍坊街道社会化养老服务体系的,其大多借助为老服务社会组织的活动平台加入。具体而言,社会组织将一些专业性较强的服务项目委托给企业,企业收取低廉的费用或免费,而且在服务供给过程中也有较大的自主性。企业在为社区老人提供服务的同时,也间接为其理念和产品做了宣传。但是,与前面不同,此类企业更多是被动合作,因为社会组织具有合作的优先选择权。尽管如此,这种与政府间接合作的形式还是很受追捧,其对弥补社会组织的专业性不足非常重要,值得推广。可见,企业参与养老服务供给,虽然存在不同的角色和职能,但其与政府之间都存在平等的互动关系,企业的自主性相对较大。

4. 就社区居民参与而言,自 2011 年开始,潍坊街道立足"以老助老"的创新理念,设立了"社区老年互助关爱行动"项目。上海市的老伙伴计划便是在该项目的影响下开展起来的,其对浦东乃至上海市都产生了积极影响。不难发现,在居民参与的养老服务实践中,控制和支配机制的影响力相对较小,志愿精神已成为支撑项目推进的核心要素。

以上从服务供给主体的角度,回顾了潍坊街道社会化养老服务实践。除此之外,就服务手段和方式的创新而言,潍坊街道也始终更具前瞻性,如较有影响力的科技助老行动,以及"嵌入式"微机构养老模式,这些都有助于潍坊街道社会化养老服务体系的进一步完善和发展。

(二) 潍坊街道社会化养老服务模式运作中的国家与社会关系

1. 关系模式

分析潍坊街道社会化养老服务模式中的国家与社会关系，需借助政府与社会组织的关系来探讨，因为其他参与者（无论是企业还是义工），实质上都是通过社会组织平台发挥作用的。在潍坊街道社会化养老服务实践中，社会组织类别各异，为了方便问题分析，我们将其进一步分为：政府主办的社会组织（GONGO）、政府培育的社会组织（GCNGO）、草根社会组织（GRNGO）、经济性社团。其中，经济性社团实属草根社会组织，之所以将其单列，是因为经济性社团不直接提供具体服务，而以资金支持为主，如新沪商联合会、浦东新区社会发展基金会等。不同类别的社会组织与政府之间究竟存在怎样的关系模式，这些关系是否存在某种共同特质，甚或根本就是大相径庭？以下将就此问题一一展开。

（1）就政府与 GONGO 之间的关系而言，"支配模式"是二者关系的基本形式。转型期，在行政体制改革的压力下，政府放权于社会，剥离部分社会职能势在必行，于是，GONGO 应运而生。可见，GONGO 是从政府中"剥离"出来的，它与政府之间是一种"依附式合作"。这里的"合作"是指街道政府出资购买 GONGO 服务的行为，即政府投入资金设置项目，然后通过项目发包的方式让 GONGO 承接项目，并提供具体服务给老人群体享受，最后由政府评估、监管整个项目的实施。另外，部分枢纽型的 GONGO 不直接提供服务，而是承接政府委托的管理职能，其中政府对它的支配就不言而喻。

同时，二者之间的合作是基于政府的绝对支配发生的，即政府对 GONGO 的人财物、项目运作等都有绝对"管制权"。因为 GONGO 承接项目或管理职能的机会是政府给予的，这对于专业性不足的 GONGO 而言，政府的扶持和帮助至关重要。可见，这种"合作"实质上是一种委托代理行为，而且政府是绝对的主导者和支配者，即一种"依附式合作"。在访谈中，街道社区服务中心的陈主任作为政府职能部门的代理人兼 GONGO 的法人，谈了自己的看法：

> 街道政府主要就是监管，街道主要工作就是所有街道添置的设

备、固定资产的登记、保养、维修，还有一些房屋的维修，对社会组织提出一定的要求，在年底进行管理评估，还有一些协调。政府主办的相对来说资金主要还是通过本街道拨付。我们很多项目给社会组织用于提高专业性。比如说失独老人的关爱活动，我们可能请一个督导来指导我们培训……社会组织服务中心（政府主办的NGO），不仅有发包，还有监督、管理、评估等一系列工作，可以通过（其他）社会组织来开展的，其他社会组织也通过我们的社会组织服务中心，帮它们找朋友，找社会组织，帮它们对接，社会组织之间，一个是官办的社会组织，一个可能是民办的社会组织，由社会组织服务中心作为平台牵头。[①]

这段话表明，在社区养老服务实践中，街道政府已无力亲自提供养老服务，而是将具体服务职能转给社会组织，充分利用社会组织的力量，政府主要发挥监管和协调的作用。可见，GONGO 是在政府的支配或扶持下开展活动的。之所以认为二者之间是一种"依附式合作"，原因在于GONGO 在某种程度上充当了政府的"一只手"，是政府的协助者或代理人，处于受支配地位，其在二者之间缺乏互动模式下的独立性。

（2）就政府与 GCNGO 之间的关系而言，由于政府培育的 NGO 不仅具有民间性，而且因受政府权威的影响，还具有 GONGO 的特点，即受制于政府并具有一定的自主性。基于此，我们认为 GCNGO 与政府的关系，处于"支配模式"和"互动模式"之间，兼具两种模式的部分特征，是一种"依附式自主"的关系，缺乏独立性但也不失自主性。一方面，GCNGO 作为政府培育的社会组织，在组织建构、项目获取等方面均受到政府的支持，而在服务理念、服务内容等方面也会受政府一定程度的约束。可见，政府在二者之间具有主导性。另一方面，GCNGO 并非完全的被动，在项目运作、服务方式、人财物的配置、活动开展等方面具有较大的自主性，而且在项目运作中 GCNGO 也会结合自己的需要，主动与政府协商并合作开展活动或拓展服务项目等，二者之间也存在互动。当然，政社之间的合作实属"依附式合作"，其中，在资金约束性方面尤其能体现

---

① 访谈记录：wf20140509。

这种关系状态。访谈中,陈主任针对社会组织的资金来源说道:

> 培育的社会组织相对来说,第一个是拿新区的钱,第二个是本街道的钱,像这种组织区域性比较强……培育的社会组织跟引进的差不多,它拿企业或者基金会募集的钱可能相对少一些,主要是接受新区的钱和街道政府的相对来说比较多一点,而引进的社会组织相对来说平均一点;而政府主办的社会组织基本上是街道的钱。①

以上所谓的"钱",主要是政府购买服务所支付的费用,实际上就是社会组织争取到的项目费。不难发现,政府约束 GCNGO 的关键便是"项目支持"。从 GCNGO 的资金来源可以看出,来自街道政府和新区政府的资金比例较大,这说明政府对其影响是至关重要的。

同时,在政府购买服务的过程中,GCNGO 也有自己的能动性。在访谈馨丰为老服务社的李葛英老师时,她饱含激情地说道:

> 我们会根据自己的优势,设计自己的服务项目。日托所目前是我们的品牌,周围的都竞争不过我们。在头两年里面,我们基本上是没有多少结余的,基本上都是我们自己想些办法来维持。我们这里的志愿者,各个日托都有。充分利用志愿者,是我们为了克服困难想出来的,也成了我们的特色……为老服务这一块,一个是便民服务,主要就是为老人代购服务。代购服务是逐渐形成的。比如是独居老人,他没有时间或者因为没办法依靠自己的力量及时地购买自己日常所需要的东西,我们的工作人员就可以帮助他们进行代购。②

调研发现,GCNGO 在与政府合作的过程中具有很强的生命力,因为他们的负责人曾经是社区领袖,人脉和动员能力相对较强,与政府合作不是单一的被支配,而是积极争取各类资源,主动与政府沟通,在不"违背"政策的情况下获得政府更大的支持。这或许就是 GCNGO 的生存之

---

① 访谈记录:wf20140626。
② 访谈记录:wf20140605—02。

道，即在接受政府支持和控制的同时，更注重以实力获取与政府合作互动的机会，从而变被动为主动。

（3）就政府与 GRNGO 的关系而言，引入大量民间组织参与养老服务，是潍坊街道社会化养老服务模式的亮点之一。作为民办社会组织，由于天生具有组织结构的独立性和运作上的自主性，而且没有权威力量的过多干扰，所以在与政府交往的过程中很强调平等合作的对话机制。其与政府之间更多是"互动模式"下的"契约式合作"。因为 GRNGO 不是基于政府职能剥离而产生的，而是政府购买养老服务的合作者，二者之间是基于"契约"的平等互动关系。同时，政府与 GRNGO 在组织上虽然分离但并不对抗，但它们之间存在交集。即养老服务不仅是政府的活动范围，而且也是 GRNGO 的活动领域，正是由于这种"公共场域"，模糊了政府与 GRNGO 的边界，进而也形成了国家与社会之间的"交叠"。虽然各类社会组织与政府之间都有"交叠"，但是 GRNGO 与政府的交叠意涵更凸显，即它是一种外生性的交叠，而非内部延展的重叠。访谈中陈主任谈道：

> 伙伴聚家服务社是外区的、外街道的，它是同行业中有一定资质和影响力的社会组织，是以合同形式引进的。引进社会组织参与养老服务，这个是我们很大的特色，基本上社会组织参与到养老服务的各个领域当中，在社区的养老服务体系当中发挥了重要的作用，这个也是我们潍坊一个优势。①

为什么潍坊街道有这样的优势？是什么东西在吸引着民间组织（GRNGO）自愿参与？对此，伙伴聚家的部门负责人张女士说道：

> 我们跟潍坊街道的交流，很多都是以政府购买服务的形式为切入点的。政府对我们的帮助也是很大的，目前我们服务站也是通过政府统筹的，政府给到我们一个合理化的场所，一个活动场所对于老年服务来说是十分重要的……潍坊的话，它的政策是很开放的，它的预见

---

① 访谈记录：wf20140509。

性是很高的,它的政策接受度和灵敏度是很高的,但是并不是所有的地方都是这样子的。①

从中不难发现,GRNGO 能够与政府积极合作,参与潍坊街道社会化养老服务实践,关键在于政府的理念和政策优势。而政府理念的前瞻性和政策支持,将一批极具实力的 GRNGO 吸引进来,以"契约化"的方式合作供给养老服务。可见,二者的关系更多是基于契约化的互动合作,同时,因为养老服务的公共性和公益性,使得二者之间有分离但更多是交叠的关系,甚至在某种程度上 GRNGO 是依靠这块"公共领地"存活的。当然,合作与否的决定权还是在政府那里,GRNGO 的自主性依然存在"依附式自主"的成分。可见,虽然是基于平等关系的合作,但是二者之间的互动,最后还取决于政府而不是 GRNGO,也就是说这种契约式合作还处于萌发阶段。

(4) 就政府与经济性团体的关系而言,经济性团体实属草根社会组织(GRNGO),将其单独列出,是因为这类社会组织在潍坊街道社会化养老服务中有着极为特殊的身份。经济性团体主要以"资助者"的身份参与养老服务实践,它不是直接的服务提供者,而是一个慈善的企业家团体。在本研究中,它与政府之间的关系同样属于互动模式,但是它比 GRNGO 又"前进"了一步。在经济性团体与政府的互动中,主动权不在政府手里,经济性团体具有绝对的话语权,社会处于明显的主导地位。如资源配置、运作模式、队伍建设、管理体制等都由其主导。在访谈中,新沪商联合会的应闻鸣会长说道:

> 做这个慈善,一开始思路就是追求与社会需求匹配,有了这个想法才开始做这个事情。助老的事情很多,选择这个是因为许多爱心企业家和街道一起调研看到的老人的精神赡养问题。我们坚持志愿者的队伍是自我管理,不能有政府背景,才有生命力。我们是总队,总队出政策、出办法、引导、培训,贯彻是下面的各个站,社区总站是配合的……关于和街道政府的关系,一个是我们做的是街道需要的,他

---

① 访谈记录:wf20140418。

们是配合的……所以一定要街道书记和主任重视和协助,由他们布置,我们是依靠行政力量起步,按照我们的思路做事情,也是能够和谐相处的。①

与其他合作模式不同,经济性团体与政府的合作不属于政府购买社会服务的范畴,而是经济性团体(社会)购买义工(社区志愿者)提供的服务,即社会购买社会的服务。这种合作模式的实质是"社社合作"的自治模式,经济性团体具有完全的独立性和自主性,强调去行政化,政府只需"协力"。它实现了社会资源的高度整合,开拓了国家与社会关系"传统模式"的新领地,形成了一个"企业资助、政府协助、社会运作、居民参与"的政企社合作的"多元互动模式"。这也是潍坊街道社会化养老服务的最大亮点。

总之,以上不同类别的社会组织与政府之间的合作,均有各自的特色,将这些模式串联起来,似乎呈现出了一条国家与社会关系变化的连续线谱,即政府与 GONGO、GCNGO、GRNGO、经济性团体的关系模式,依次体现为:支配模式(依附式合作)—半支配半互动模式(依附式合作)—互动模式(契约式合作)—多元互动模式(自主式合作)。其中后三者是最主要的,因为 GONGO 更多不是提供服务而是协调和引导。基于此,我们认为潍坊街道社会化养老服务整体上呈现的国家与社会关系,更多的是"互动模式"下的合作关系,甚或是对互动模式的超越。这便是本研究的基本发现。

2. 核心机制

所谓的核心机制,是指社会化养老服务供给的结构系统和运行机制,本研究主要指后者。在潍坊街道养老服务实践中,政府与各类社会组织之间的关系模式各异,每种关系模式均有自己的运作机制。以下将结合具体情形分析潍坊街道社会化养老服务体系运作的核心机制。

(1)就政府与 GONGO 而言,二者是基于"支配模式"下的被动合作(即依附式合作),控制是其核心机制。政府对 GONGO 的产生、组织活动、发展等诸多环节的控制或支配无处不在。GONGO 是因政府职能剥

---

① 访谈记录:wf20140708。

离的需要而诞生，其无论是承接项目提供具体养老服务，还是代替政府行使部分管理职能，都将直接受制于政府。在访谈中，陈主任谈道：

> 政府主办的社会组织一般不用交税，街道办把钱打给它就不用加税，与它合作的社会组织需要加税。政府拨款给公办的社会组织，作为财政拨款，不需要交税，也不需要开发票。如果它再次外包项目给其他社会组织，即给一些做项目的社会组织必须交税……政府主办的社会组织理论上应与政府之间是伙伴关系，实际上社会组织还要增加主导权。①

以上表明，政府给予GONGO最大的支持是运作资金，甚至是财税优惠，这种支持在某种程度上也变成了政府对它的"控制"。同时，GONGO作为政府最亲近的社会组织，政府对其有着天然的信任感，而作为成长初期的GONGO也许更需要这份"支持或信任"。所以，控制和支持在二者的合作中是同在的，而且控制已成为主导二者关系的核心机制。

（2）就政府与GCNGO而言，由于GCNGO与政府的关系兼具"支配模式"和"互动模式"的特点，其核心机制同样也具有双重性，所以，控制和支持是主导二者关系的核心机制。与GONGO一样，GCNGO也会受到政府的控制和支持，不同的是，两种机制对GCNGO具有同等的重要性，甚至随着GCNGO日渐完善，控制因素会逐步减弱，支持力量将被放大。所以，对于当前的GCNGO而言，控制和支持都是合作供给的核心机制。政府对GCNGO的"控制"同样也是由"支持"行为转化而来的，如设施配置、项目支持、政策扶持等。GCNGO获得项目，实际上就是得到政府的经费支持，当然政府也不会对项目运作放任自流，而将通过日常监管、定期检查、阶段性评估等活动来影响或控制GCNGO。在访谈中，雨泽社区服务中心的王老师说道：

> 潍坊街道对于我们的组织还是很扶持的，如场所扶持、项目扶持等。早期这个项目可不可做，要政府认定；中期的访谈，人家要访问

---

① 访谈记录：wf20140626。

你的，开座谈会讨论你这个项目做得怎么样，还有财务的审批。……第三方委托评估机构来找我们，还有我每个月要送报表给他看的，不是你瞎做的，他要掌握你的进度……当然，总体上我们和政府之间还是合作伙伴关系，包括与其他社会组织，资源共享，也是合作伙伴关系，我们的合作蛮愉快。①

GCNGO与政府合作供给养老服务需建基于政府支持，且GCNGO不具有完全的独立性，尤其是物质基础的独立方面；另外，GCNGO具有较强的自主性，其在目标设定和自身运作过程中的决策方式都是自行确定的，强调"按照自己的目标行事"，能够进行自我管理、自我治理。可见，这种"依附式自主"也体现了政社合作的特色，即控制与支持并存，这与陶传进的理论分析相符。

（3）就政府与GRNGO而言，GRNGO作为民办的社会组织，由于组织成立所需的物质和制度基础并不依赖于政府，所以，具有天然的独立性，包括独立的组织结构、独立的组织章程、独立的决策权力等，政府科层制内部的"指令体系"难以渗入。其与政府之间的权力边界清晰，二者的合作是基于"契约关系"的平等互动。显然，主导二者关系的核心机制不是控制，而是支持和协商。具体而言，支持是指政府在项目运作过程中给予GRNGO基本的平台设施，或是有助于项目开展的政策扶持，这对于发展初期的GRNGO而言，一个强有力的帮手至关重要。支持并不意味着控制，支持的目的是助推社会组织的真正独立，政府在二者的关系中不是权力的"控制者"，而是一个强有力的"助能者"。对此，访谈中上海伙伴聚家服务社的负责人杨女士说道：

> 政府给的帮助，有还是有的，我们园区从2013年开始有100—150平方米的住房补贴是后来补给我们。这个是作为试点单位给我们的，但是当时是我们最困难的时候。街道的支持，要看地方的，因为项目要落地，有的街镇直接购买了一些设施，然后让我们去管理，本身的购买服务，就是项目落地的方式。在潍坊比较好的地方是，对于

---

① 访谈记录：wf20140605—01。

社会组织还有公寓补贴补三分之二，租金补贴，当然房间的面积是有限制的。另外，比如聚乐会的场所是街道政府提供的，跟服务站一样的，政府也提供一部分的运营补贴。政府是按项目给补贴的，一般是有配置要求的，比如说30个老人配3个工作人员。政府总体上还是会尽力给一些帮助。①

协商机制，是指GRNGO在项目运作过程中，针对服务对象的需求和服务内容拓展等事项，基于契约精神的平等关系，与政府主要沟通协调。协商的前提是保证GRNGO的自主性，不违背项目合同的意旨，不得有任何权威意志和强制机制渗入。虽然政府有选择项目合作者的优先权，但在项目运作过程中政府更多是以"协商对话机制"来影响GRNGO的活动，以促进GRNGO的健康发展，因为政府在二者的关系运作中也始终关注自己的合作身份。在访谈中，上海伙伴聚家服务社的负责人杨女士也谈道：

> 政府购买服务，实际上是一种合作方式。就像我刚才讲的日托，我们会有工作人员定期跟踪工作，如果日托中心有什么突发状况，我们都会及时地跟街道反馈。我们和街道都是为了做好为老服务，而不是说我们想怎么做就怎么做，就是说如果遇到了问题，我们和街道会协商解决……这个日间中心也好，它有一个服务对象的设定的问题，如果超过这个设定，就需要一些协调的工作。举个例子，日间中心有个老人，他平时状态都很好的，他突然间就老年痴呆了，就不能适应继续待在这里。这时我们服务社就要负责协调，主动跟街道政府和家人沟通，协商问题的解决办法。②

可见，在政府与GRNGO的关系中，控制机制已经淡化，而政府的支持却占据了重要地位，协商对话也成了政社合作的主要机制。或许这与国家对社会组织的政策扶持，以及对社会化养老服务的强调密切相关。加

---

① 访谈记录：wf20140520。
② 访谈记录：wf20140520。

之，潍坊街道党政领导关注政府职能转变，强调服务理念创新，其社会化养老服务实践明显走在时代的前列。

（4）就政府与经济性团体而言，由于经济性团体外在于政府，即该组织的成立、运作、发展等所依靠的力量源于自身，在它与政府的合作过程中起主导作用的核心机制是协助和协商。二者合作的实践表明，经济性团体是项目运作的主导者，政府仅仅是协力或配合，因为项目运作所需的人财物不需要政府支持，政府只是其中的协助者。所以，本研究认为，二者之间的合作也被称为社会组织的"主导性合作"，协助机制是其核心机制之一。同时，虽然经济性团体在二者的合作中处于主导地位，但协商机制却是必不可少，它也是二者合作的基础。因为经济性团体要参与养老服务就得扎根社区，而进入社区首先要与街道政府沟通。只有当双方达成合作意向后，经济性团体的所谓强能和价值才能得以发挥。可见，协商机制是政府与经济性团体合作的另一核心机制。在访谈中，潍坊十村义工分站的阮站长说道：

> 我们这个项目叫新沪商老年互助关爱行动，主要由企业资助，不需要政府操心。我们这个互助关爱行动项目的运作很顺畅，主要依靠志愿者的力量，就是本社区年龄较小的老人（即小老人）。我们实行的是"小老帮大老"的服务模式，社区资源得到了充分利用。整个项目的运作主要是新沪商来主导和支配，政府主要是配合。①

总之，潍坊街道社会化养老服务实践中，不同社会组织与政府合作的核心机制各异。但是，核心互动机制变化的背后，也映衬出了社会与国家力量抗衡的变化图景。如果按照政府与 GONGO、GCNGO、GRNGO、经济性团体等合作机制的变化顺序来看，国家的力量在由强变弱，而社会的力量恰好在由弱变强，呈现出了两种不同的变化方向。随着我国社会体制改革的良序推进，国家与社会的力量将趋于平衡，进而二者的良性互动也便达成。同时，结合潍坊街道社会化养老服务实践不难发现，GONGO 作为枢纽性组织的活动较频繁，主要代替政府履行一些管理或协调职能，而它

---

① 访谈记录：wf20140513。

在服务功能上日趋弱化。同时，经济性团体的力量虽然强势，但可复制性的难度较大，难以形成一种普遍趋势，所以它更多是一个特例，对社会组织的发展壮大有一定的催化作用。可见，GCNGO、GRNGO 是本研究的主导社会力量，社会组织具有结构上的独立性，但在服务供给中却是"依附式自主"。故而，政社合作整体上呈现的核心机制是三位一体式的控制、支持与协商。

3. 服务供给方式

所谓服务供给方式，是指潍坊街道养老服务供给的方法和形式。根据前文分析可知，潍坊街道社会化养老服务的供给方式因不同的社会组织参与而存在差异。

(1) 就 GONGO 而言，尤其是服务型 GONGO，基本上是在政府的主导下提供服务的，GONGO 没有更多的自主性。显然，此类社会组织提供的养老服务方式，理应属于"政府主导下的供给"。

(2) 就 GCNGO 而言，政府购买服务是其服务供给的基本前提，当然"政社合作供给"是其主要的服务供给方式。虽然 GCNGO 对政府有一定依赖性，但它在服务生产过程中有较大的决策权、自主性，项目运作基本上是自治的。同时，政府对养老服务供给也有较多支持和投入，力图推进项目的有效开展，如制度安排、财物、技术等方面的支持，在项目运作中能够做到有所为有所不为。

(3) 就 GRNGO 而言，作为草根社会组织，无论在组织独立性和运作能动性方面均有强势的表现。在服务供给过程中，GRNGO 能够按照自己的目标行动，注重服务理念创新，敢于进取和冒险，强调将竞争机制引入养老服务领域。同时，GRNGO 的组织建构完全是外生的，其组织结构体系独立于政府，政府对它的干预相对较少。可见，GRNGO 具有较大的独立性和自主性，在服务供给中有较大的过程主导性。另外，政府在服务供给中具有项目委托权和监督权优势，如选择怎样的合作伙伴，对养老服务效果有怎样的要求等，政府均有较大的影响力。所以，政府在服务供给中具有事前和事后的主导性。基于此，我们认为 GRNGO 的服务供给方式还是属于"政社合作供给"。

(4) 就经济性团体而言，其组织结构上的独立性就自不待言，且在自主性方面也相对明显。前文的分析表明，此类社会组织在项目开发、项目运作、服务供给、服务监督等诸多环节均有完全的自主性，而政府在服务供给中更多是协助项目开展，在整个服务供给的过程中经济性团体占有绝对的主导性。因此，经济性团体的服务供给方式为"社会主导下的供给"。

综合来看，潍坊街道社会化养老服务方式是以"政社合作供给"为主的。"政府主导下的供给"是传统模式的延续，随着社会体制的完善将日渐式微；而"社会主导下的供给"却仅代表着一种"风尚"，其发挥了引领和促推的作用。

（三）一个新的观察

潍坊街道社会化养老服务中的国家与社会关系，因多元化的社会组织而模式各异，但这些关系模式的背后却呈现出了一种总体性的主导模式，即"支配—互动模式"（见表6.2）。该模式体现了政社合作的双向性，一方面是自上而下的政府对社会组织的影响和控制，另一方面却是自下而上的社会组织积极寻求与政府合作与互动。实践中，政府的"控制"体现为政府对购买服务的支配，但其在项目运作环节并非全面主导，社会组织还是具有较大的自主空间，且二者在服务供给中均表现出了积极的能动性。就未来的发展趋势而言，该模式中"互动"的影响力或将超过"控制"，而控制将成为一种辅助性机制，甚或逐步退出对政社合作的影响。

该支配—互动模式的核心机制是"支持和协商"。"支持"主要体现为政府对社会组织的政策扶持、财物资助和技能培训等，当这种"支持"附上政府"意志"后，便转换为政府对社会组织的"支配"。实践中这种"支持伴随支配"的现象实属常态，二者的张力始终存在。实际上，缓解二者冲突的关键在于政府方面，因为政府在目前的权力格局中处于"主导"地位。而协商机制主要体现在政社互动的诸多环节，它对支配机制的介入有一定的抗衡作用，是支持机制不可或缺的推进力量。就政治权力格局而言，国家依然是政社合作关系的主导者，无论二者的合作以何种方式运作，政府的主导性始终存在，这是威权体制运作的基本常态，或许这也是政府"支持"易于转化为"支配"的内在根源。

表6.2　潍坊街道社会化养老服务中的国家与社会关系模式

关系模式 比较内容	分类模式				总体模式
	支配模式	支配—互动模式	互动模式	多元互动模式	支配—互动模式
核心机制	控制	控制、支持	支持、协商	协商、协助	控制、支持、协商
权力格局	国家主导	国家主导	国家主导	社会主导	国家主导
独立性	不独立	半独立	独立	独立	独立
自主性	不自主	依附式自主	依附式自主	自主	依附式自主
服务供给方式	政府主导下供给	政社合作供给	政社合作供给	社会主导下供给	政社合作供给
合作模式	依附式合作	依附式合作	契约式合作	主导性合作	互动式合作
关系主体	政府、GONGO	政府、GCNGO	政府、GRNGO	政府、经济性团体	政府、NGO

另外,在支持—互动模式中,社会组织具有结构上的独立性和运作中的自主性,这里的"独立"在某种程度上还停留于理论层面,即政府与社会的权力边界应该清楚,但实践中政府的行为惯性会不由自主地去干扰这种独立性,以致社会组织在服务供给中难以做到完全自主。同时,在潍坊街道社会化养老服务实践中,总体上的服务供给方式仍然是政社合作供给,社会组织的行为体现为"依附式自主",其国家与社会的关系也相应呈现出了依附式发展的趋势。这些亦是本研究的基本发现。

四　潍坊街道社会化养老服务推进的可能方向:突破传统格局

(一) 养老服务传统格局及其背景

当工业社会将个人风险转化为社会风险之后,现代养老服务在政府与市场的权责演进中不断发展和成熟,其中政府和市场便是养老服务体系形成和发展的传统力量。实践表明,西方现代养老服务前期发展的主要力量,也来自单一的市场或政府,二者在特定的历史时期都发挥了各自积极的作用。直到20世纪70年代,福利领域的市场机制和政府机制相继失灵,几近崩溃的传统养老服务模式面临转型。作为发展中国家,我国养老服务事业在经历全能主义的政府统揽之后，目前正在开启政府主导、多元参与的社会化养老服务模式。潍坊街道社会化养老服务的实践表明，多元机制的介入与政府强制机制的抗衡正在形成，新模式仍未摆脱政府支配的传统格局。值得一提的是，无论在西方还是中国，"传统格局"意味着养老服务依靠政府或市场的单一力量供给，以致养老服务的发展最终走向了两个极端，即利润取向的市场自利活动，或福利取向的国家垄断行为。事实上，我国养老服务并未完全摆脱"政府福利"的单一范畴，其最终的支撑力量依然是政府，以致可持续养老服务步履维艰。

西方学者从政府职责的角度，对养老服务供给提出了三种解释：剩余论、制度论和发展论①。其中，"剩余论"强调市场的作用，认为家庭和市场是满足个人养老服务需求的最基本途径，只有当家庭和市场无法胜任时，政府的制度保障才能作为支持系统，起到临时防范风险的作用。而"制度论"则强调政府的作用，认为养老服务是常规化的公民权利，是一种再分配机制，市场机制在保障人类再生产方面是失败的，要提高人口的整体经济条件和健康状况，必须以集体形式来共担风险，其中国家应充当主要角色或主导者。"发展论"则是市场失败和政府失败之后的一种多元福利模式，其强调权力下放，主张国家与企业、社会等合作供给福利性服务，将单一的政府福利转变为由政府、市场、家庭、社会组织、社区等多元主体共同提供的福利产品，将非政府的社会福利功能正式纳入社会福利政策的整体框架中。同时，它主张引入竞争机制，打破垄断，增加服务对象的选择权，优化运行效率和服务质量。"发展论"的提出，促进了现代养老服务的成熟，或许这亦是我国养老服务事业发展的可能方向，即发展型养老服务模式。

（二）传统格局的现实困境

潍坊街道社会化养老服务实践，催生了"政府主导、企业资助、社会运作、居民参与"的创新模式，政府在放权于社会的基础上，将"政府、企业、社会组织、社区、居民"等纳入养老服务的供给体系，将单一的政府福利变为多元主体合作供给的社会福利产品，其具有"发展论"

---

① 蒂特马斯：《社会政策十讲》，（香港）商务印书馆1991年版。

所倡导的特征。事实上，潍坊街道的实践模式虽已走在了时代的前列，但其整体上还是局限于政府主导甚或政府控制的传统格局，服务垄断性明显；而且在养老服务的供需之间，无论数量还是质量上都存在明显的失衡，社会化养老服务的有效需求不足问题依然存在，即老人希望获得的服务没有转化为现实的有效需求，服务质量难以达到预期。这些或许都是合作之外的因素所致，即非合作困境问题。

潍坊街道养老服务合作供给模式在开拓创新、引领时代的同时，究竟面临怎样的非合作困境？调研结果显示，潍坊街道模式在其行进的过程中始终无法摆脱的困境是：公益与赢利的冲突以及补缺与多元的张力。其中，公益与赢利的冲突可谓潍坊街道社会化养老服务可持续推进的最大困惑。养老服务的社会公益性，决定了任何社会力量介入养老服务领域必须具有非营利性，而社会组织要正常运转，就得依赖政府扶持、税收优惠、企业资助和个人捐赠。事实上，社会组织承担了非营利性的社会责任，而可依赖的力量却非常有限，于是当盈利需求与公益要求同时出现时，社会性养老服务组织必将面临"公益"和"赢利"的两难。另外，补缺与多元的张力，虽然不如前者那么凸显，但也是社会化养老服务模式推进的一大阻力。实践中，政府在养老服务领域最基本的任务是保障弱势老人和贫困老人的服务需求，注重基于生存需求的养老服务供给，对于多元化、多层次养老服务供给的支持力度明显不够。潍坊街道作为实践的先行者，对服务需求的多元化早有关注，但是多元化的养老服务供给体系并不完善，尤其是政策法规的扶持力度较弱，多元化服务内容的拓展受限，补缺与多元的张力仍然存在。以上"非合作困境"，也正是潍坊街道乃至全国养老服务模式，局限于传统格局的内在动因。

（三）突破困境的对策思考

如何避免公益与赢利、补缺与多元之间的冲突，突破养老服务模式的传统格局？结合潍坊街道的实际情况，我们认为需从以下方面入手：其一，将基本公益服务与多样性服务结合起来，对养老服务体系实行分类管理，补缺型供给由政府主导，普惠型供给由社会主导，高端型供给由市场主导，正确定位政府角色，避免"缺位"和"越位"。其二，在多元化服务领域大胆引入竞争机制，满足老人多样化需求。尤其是对社会主导的普惠型服务，在强调自治机制的同时，应适当引入竞争机制，激发企业活力，减轻政府负担。其三，加大政策扶持的力度。尤其是税收政策的完善，使社会组织在承担社会责任的同时获得相应的发展空间。其四，重视并加大对家庭的支持力度。尽管社会化养老已承担了越来越大的养老责任，但家庭养老的功能和责任是任何其他方式所无法替代的，缺乏家庭责任的养老制度是残缺不全的制度。所以，在推进社会化养老服务发展的同时，加强对家庭养老的支持，本身就是对社会化养老的完善。其五，调整国家、市场、社会、家庭的权责关系，培育政府、企业、社会组织、个人彼此协调负责、积极互动、充满活力的公民社会，形成"政府搭台、民间运作"的合作共赢局面。

总之，潍坊街道社会化养老服务在现有的"支配—互动"模式下，要完全突破单一政府福利的传统格局，尚需政府善于用权，敢于放权，加快职能转变，正确处理"引导与控制、支持与支配、公益和赢利、补缺与多元"等诸多矛盾，让渡更多空间给社会力量，达成多元参与的良性互动。同时，整合养老服务的再分配功能和生产性的社会投资功能，建构具有中国特色的"依附式发展"模式，实现社会化养老服务的可持续推进。

五 小结

实践中潍坊街道社会化养老服务正在不断完善，其得益于政府的务实创新，勇于突破"政府—市场"的传统二元格局。养老服务领域"政府统揽"和"市场主导"的单一局面逐步退去，政府、社会组织、企业、家庭、社区、志愿者等各种力量均被激活，一个典型的"政府主导—社会参与—企业协同"的养老服务模式正在兴起。各方力量的齐心协力，给老人们带来的是"老有所养、老有所依、老有所乐"的生活场景！或许这正是引领我国社会化养老服务发展的新方向——"依附式发展"模式。

参考文献

[1] 奥斯特罗姆:《公共事务的治理之道》,余逊达、陈旭东译,上海三联书店2000年版。

[2] 波兰尼:《自由的逻辑》,冯银江、李雪茹译,吉林人民出版社2011年版。

[3] 陈功:《我国养老方式研究》,北京大学出版社2003年版。

[4] 邓正来:《国家与社会——中国市民社会研究》,北京大学出版社2008年版。

[5] 蒂特马斯:《社会政策十讲》,江绍康译,(香港)商务印书馆1991年版。

[6] 董红亚:《养老服务社会化嵊州模式研究》,中国社会出版社2010年版。

[7] 纪晓岚、刘晓梅、刘燕等:《老龄化背景下养老社区发展研究》,华东理工大学出版社2016年版。

[8] 萨拉蒙:《公共服务中的伙伴》,商务印书馆2008年版。

[9] 李兵、张恺悌编:《中外老龄政策与实践》,中国社会出版社2010年版。

[10] 李国弟:《思海拾贝》,上海人民出版社2011年版。

[11] 刘燕:《制度化养老、家庭功能与代际反哺危机——以上海市为例》,上海人民出版社2016年版。

[12] 罗西瑙:《没有政府的治理》,张胜军等译,江西人民出版社2001年版。

[13] 彭华民等:《西方社会福利理论前沿》,中国社会出版社2009年版。

[14] 米格代尔:《社会中的国家》,李杨、郭一聪译,江苏人民出版社

2013 年版。

[15] 萨拜因：《政治学说史》（上），邓正来译，商务印书馆 1986 年版。

[16] 特斯特：《老年人社区照顾的跨国比较》，周向红、张小明译，中国社会出版社 2008 年版。

[17] 田北海：《香港与内地老年社会福利模式比较》，北京大学出版社 2008 年版。

[18] 仝利民：《老年社会工作》，华东理工大学出版社 2006 年版。

[19] 王名：《社会组织概论》，中国社会出版社 2012 年版。

[20] 王浦劬、[美] 莱斯特·M. 萨拉蒙等：《政府向社会组织购买公共服务研究》，北京大学出版社 2013 年版。

[21] 韦伯：《经济与社会》第 1 卷，阎克文译，上海人民出版社 2005 年版。

[22] 邬沧萍：《社会老年学》，中国人民大学出版社 1999 年版。

[23] 邬沧萍、杜鹏主编：《老龄社会与和谐社会》，中国人口出版社 2012 年版。

[24] 杨团：《社会福利社会化：上海与香港社会福利体系比较》，华夏出版社 2001 年版。

[25] 姚远：《中国家庭养老研究》，中国人口出版社 2001 年版。

[26] 俞可平：《治理与善治》，社会科学文献出版社 2000 年版。

[27] 张静：《法团主义》，中国社会科学出版社 2005 年版。

[28] 张恺悌等编：《政府养老定位研究》，中国社会出版社 2009 年版。

[29] 张仙桥、李德滨：《中国老年社会学》，社会科学文献出版社 2011 年版。

[30] 邹谠：《二十世纪中国政治：从宏观历史与微观行动的角度看》，（香港）牛津大学出版社 1994 年版。

[31] 潍坊社区（街道）党工委、潍坊社区管委会（街道办事处）编：《潍坊新村街道年鉴》。

[32] 陈友华：《居家养老及其相关的几个问题》，《人口学刊》2012 年第 4 期。

[33] 丁元竹：《志愿精神是公民社会的精髓》，《人民论坛》2008 年第 15 期。

[34] 扶松茂、竺乾威：《公共服务型政府建设若干问题的思考》，《苏州大学学报》（哲学社会科学版）2011年第5期。

[35] 姜夏烨：《家庭养老服务网 VS 机构养老——一种选择机制上的融合》，《西北人口》2006年第4期。

[36] 姜向群：《社会化养老制度的发展及其基本模式》，《人口学刊》1999年第1期。

[37] 康晓光、韩恒：《分类控制：当前中国大陆国家与社会关系研究》，《社会学研究》2005年第6期。

[38] 李文琦：《积极老龄化视域下社会化养老服务体系建设——基于陕西省养老服务现状的考察分析》，《西北大学学报》（哲学社会科学版）2013年第4期。

[39] 刘继同：《欧美人类需要理论与社会福利制度运行机制研究》，《北京科技大学学报》（社会科学版）2004年第3期。

[40] 刘益梅：《人口老龄化背景下社会化养老服务体系的探讨》，《广西社会科学》2011年第7期。

[41] 穆光宗：《我国机构养老发展的困境与对策》，《华中师范大学学报》（人文社会科学版）2012年第2期。

[42] 潘鸿雁：《公共服务社会化的三方合作研究》，《中共中央党校学报》2010年第1期。

[43] 彭善民：《枢纽型社会组织建设与社会自主管理创新》，《江苏行政学院学报》2012年第1期。

[44] 施巍巍、罗新录：《我国养老服务政策的演变与国家角色的定位——福利多元主义视角》，《理论探讨》2014年第2期。

[45] 陶传进：《控制与支持：国家与社会间的两种独立关系研究——中国农村社会里的情形》，《管理世界》2008年第2期。

[46] 同春芬：《福利多元主义视角下我国居家养老服务的政府责任体系构建》，《西北人口》2015年第1期。

[47] 王诗宗、宋程成：《独立抑或自主：中国社会组织特征问题重思》，《中国社会科学》2013年第5期。

[48] 吴军：《社会组织：功能定位、运作机制和发展取向》，《理论月刊》2010年第12期。

[49] 阎青春：《扶持社会组织参与养老服务业的政策研究》，《老龄科学研究》2013 年第 4 期。

[50] 张静、张丽霞：《将志愿者服务机制引入养老服务问题的研究》，《西北人口》2009 年第 1 期。

[51] 张笑会：《福利多元主义视角下的社会服务供给主体探析》，《理论月刊》2013 年第 5 期。

[52] Havighurst R. J., R, Albrecht, *Older People*, New York: Longmans, 1953.

[53] Roson, I., "The Social Context of the Aging self", *The Gerontologist*, 1973, 13 (1).

[54] John Keane, *Democracy and Civil Society*, Vesso, 1988.

后　　记

　　对浦东潍坊街道的调查和认识始于 2006 年，以学习型社区的研究为契机，我们曾对潍坊街道所属的 27 个社区进行了为期两年的调查和研究，其研究成果《学习型社区理论与实践：上海浦东潍坊街道创建学习型社区的实证研究》于 2008 年由上海人民出版社出版。此后，有关潍坊街道的各类报道成为我们的关注点之一。2014 年 1 月我们再次走进潍坊街道，重点对潍坊街道养老服务实践过程进行总结和提炼，力求在本书中再现潍坊街道社会化养老服务的模式和特点。

　　潍坊街道是上海市老龄化程度较高的社区之一，面对众多不能自理以及孤寡空巢的老年人，政府充分发挥市场和社会组织的力量，调动企业和驻区单位的积极性和主动性，从政府购买社会组织的养老服务，到构建多元主体的养老服务体系，潍坊街道走出了一条适合本国国情的养老服务道路。我们将潍坊街道的养老服务经验概括为社会化养老服务模式，即政府主导、社会组织参与、企业协同，形成合力。尤其要强调的是，政府的主导作用自始至终贯穿全过程，从顶层规划设计到财力支持，从构建养老服务社会组织孵化机构到实行养老机构院长聘任制，都是在不断创新和探索中前行。

　　我们的调研工作主要得到以下单位和个人的大力支持：时任潍坊街道党工委书记李国弟、时任潍坊街道办事处主任蒋蕊、时任潍坊街道办事处副主任王培英、时任潍坊街道办公室副主任谢坚、时任潍坊街道社区服务中心主任陈维、时任潍坊社会组织服务中心主任裘皎灵；现任潍坊街道办事处主任樊政红和副主任倪云华、伙伴聚家养老服务社总经理杨磊、上海新沪商联合会秘书长应闻鸣、潍坊雨泽社区服务中心主任王文美、潍坊馨丰社区服务社理事李葛英及理事长王骊、潍坊街道老年协会会长查佩芳及秘书长张玲黎、潍坊社区亚英调解工作室主任周亚英、潍坊敬老院院长闻少华等，对于各位的支持和帮助，我们表示最诚挚的谢意！另外对接受我们访谈的潍坊社区其他工作人员、义工、居民和单位，也一并表示深深的谢意！

  本书稿的具体分工是：华东理工大学社会与公共管理学院副院长纪晓岚教授负责主持和设计课题框架，华东理工大学行政管理系曾莉副教授撰写导论和第六章并负责书稿通稿等工作，华东理工大学博士研究生刘楠、硕士燕楠撰写第二章，华东理工大学博士研究生刘晓梅撰写第三章，华东理工大学博士研究生王世靓撰写第四章，华东理工大学博士研究生程秋萍撰写第五章，华东理工大学博士研究生沈菊生参与了调研，华东理工大学社会与公共管理学院刘燕副教授、刘晓梅参与了全书的通稿校对等工作。参加该项课题调研工作的老师和研究生还有：华东理工大学社会工作系徐荣老师，社会学系杨君老师，行政管理系李晓霞老师，华东理工大学硕士研究生杜杰、张松敏、张颖、李晨夏、陈亚琪等。在此对各位老师和同学的积极参与，一并表示衷心的感谢！

纪晓岚

2016 年 1 月